ちくま文庫

本を読む人だけが手にするもの

藤原和博

筑摩書房

目次

第1章　本を読むと、何が得か？

第2章　読書とは「他人の脳のかけら」を自分の脳につなげること

第3章　読書は私の人生にこんなふうに役立った

第4章　正解のない時代を切り拓く読書

本を読む人だけが手にするもの

はじめに

本書は「なぜ本を読むといいのか」について考える本である。

親や先生はみな、子どもに「本を読みなさい」と言う。しかし、反対に「どうして読まなければいけないの？　読むといいことあるの？」と正面から問い返されたら、理路整然と答えられる大人はなかなかいない。

そもそも、子どものころに親や先生にそう言われて、疑問に思わなかっただろうか。子どもを持つ親の立場になった人は、子どもからそう問いかけられて、言葉に詰まったこともあるはず。

そうした体験を持つみなさんに、ぜひ本を読むことの本質を問いかけてみたいのだ。


本書でイメージする本は、普通の小説、エッセイ、ビジネス書、科学ものをふくめたノンフィクション、伝記、ドキュメンタリーなどの一般書である。

専門書や研究書を除いているのは、専門家や研究者になろうとする人はそれらを読むのが当たり前なので「なぜ本を読むといいのか」について問い直す必要などないからだ。

それから、最初にお断りしておく。

本について考える本とはいえ、最近流行りの読書法や速読術について言及するつもりはない。もっと古典に親しむべきだ、という上から目線の説教もしない。何をどのように読むかについては、それぞれが自由に考えればいい。

電子書籍はけしからんという話もしない。情報が電子化するのは自然な流れだからだ。いっぽうで、私は紙の本も立派なモバイル端末（持ち運びできるデバイス）だと考えてもいる。だからもう、読書について考えるうえで、リアルかバーチャルか、紙か電子かという議論はあまり意味を持たないように思う。

前置きはさておき、本題に入ることにしよう。読者のみなさんにとって、本書が読書について考えるきっかけになれば幸いである。

藤原和博

2015年5月5日　こどもの日

序章　成熟社会では本を読まない人は生き残れない

成熟社会では、自らの「幸福論」を自分で見つけていくしかない

「成熟社会」については、これまで講演でも書籍でも繰り返し言及してきた。

長年にわたって同じことを言い続けているのには、れっきとした理由がある。日本はすでに成熟社会に移行して久しいというのに、それを現実のものとして理解している人がとても少ないからだ。

私は、この成熟社会というものに対する理解がないまま、読書の意味を考えることはできないと思っている。したがって、本書の冒頭でもいま一度お話ししておきたい。

日本における20世紀型の成長社会は、1997年を境に終焉《しゅうえん》を迎えた。

戦後の焼け野原から、日本が一貫して右肩上がりの成長を遂げてきたのは周知のとおりである。それは1950年代半ばに始まった高度成長期を経て、1980年代後半から起こるバブル景気でピークを迎える。

そして、バブル景気は1990年代はじめに崩壊する。

バブルを牽引してきた株価、地価、住宅価格などの資産価値が下落し、いわゆる

「失われた10年」に入った。その余波を受けた金融機関が、不良債権の負担に耐え切れずに崩れていく。

１９９７年には、バブルの象徴ともいえる株式を扱う証券会社が破綻した。その顕著な例が、山一證券と三洋証券である。もう１つの象徴である不動産に資金を提供した銀行の破綻も始まった。それが北海道拓殖銀行の倒産だった。翌年には、日本長期信用銀行と日本債権信用銀行も倒産している。

実際のデータを見ても、バブル崩壊からしばらくの間、上昇を続けていた一人あたりの名目ＧＤＰが、１９９７年をピークに下降を始める。ここで20世紀型の成長社会が終わりを迎えたことは明白だ。そこから先は、それまでとはまったく違う21世紀型の成熟社会に移行したということなのである。

そうした変化に歩調を合わせるように、社会も変質していく。

ひと言でいえば、20世紀型の成長社会が象徴する「みんな一緒」という時代から、21世紀型の成熟社会が象徴する「それぞれ一人一人」という時代に変わったのである。

電話の変遷を考えるとわかりやすい。

かつて、電話は一家に１台置かれた状態が常識だと考えられてきた。電話機自体の進化とともに親機を中心に子機が増えていくが、電話回線が一家に1本という「みんな一緒」の固定電話であることに変わりはなかった。

ところが、バブル崩壊とともに大きく変化が起こった。

1993年に1・4パーセントだった携帯電話の普及率は、1998年には25パーセントにまで急上昇した（総務省調査より）。その後に見せた急速な普及は、みなさんが実際に体験したとおりである。「みんな一緒」の固定電話から、「それぞれ一人一人」のケータイ電話になってきたことが、時代の変化を如実に表している。

結婚式の引き出物の例もそれをよく表している。

昔は、結婚式で列席者に渡す引き出物は、予算に合わせて商品を選び、それを全員に配るのが一般的だった。「みんな一緒」の引き出物である。

持ち帰った列席者の家で、「みんな一緒」の引き出物はどのような運命をたどることになっただろうか。多くの家で、引き出物は食器棚やクローゼットの奥にしまい込まれた。その後、捨てるに捨てられず、幼稚園や小学校のバザーに出品されるケースは少なくない。

それを「おかしい」と気づいたリンベルという会社がある。

彼らは、予算に合わせた同一価格（たとえば、3000円、5000円、1万円……15万円のコースまである！）で数百種類の商品から引き出物を選べるカタログを出版した。個人の好みに合わせて「それぞれ一人一人」が商品を選べるようになった。

リンベルは1987年に設立された会社で、2000年には売上100億円を達成している。2004年には200億円、2008年には400億円と、4年ごとに倍々ゲームを繰り返している。この急成長も、それぞれ一人一人の成熟社会への移行を如実に物語っているといえないだろうか。

「みんな一緒」の時代には、日本人にはパターン化した幸福論があった。日本人が共通の正解として持っていた「みんな一緒」の幸福論だ。

お父さんやお母さんや先生の言うことを素直に聞いて、「早く」「ちゃんと」正解にたどりつける「いい子」にしていると、「よい高校」や「よい大学」に入ることができる。

「よい大学」に入ることさえできれば、上場企業や有名企業などといったいわゆる「よい会社」に入れたり、安定した公務員になったりすることができた。そこにどうにか潜り込むことができさえすれば、少なくとも課長くらいにはなれて、それなりの金額の年収を手にすることができた。

よほど大きな問題さえ起こさなければ、定年まで勤め上げることができる。そうすると、まとまった金額の退職金を手にすることも可能だ。

安定した右肩上がりの収入を背景に、30年〜35年という途方もない期間のローンを組み、通勤時間が1時間〜2時間の郊外に一軒家かマンションを購入する。定年のときにローンが残っていても、確実に支給される退職金で繰り上げ返済が可能なので、あまり心配をする必要はない。

定年と前後して、自分の息子や娘が孫を連れて我が家を訪ねて来る。それを楽しみに日々の生活を送っているが、やがてだれも訪ねて来なくなる。息子や娘が仕事や家事で忙しくなり、あるいは孫が受験や部活で忙しくなり、場合によっては反抗期で家族と行動することを避けるようになるからだ。

そうなると、寂しさをまぎらわせるためにペットを飼い始めるかもしれない。朝晩、散歩に連れて行くのが習慣になるだろう。そのうち、（あまりいい話ではないから例としては恐縮なのだが）おじいちゃんのほうは、定年から10年あまりで天寿をまっとうする。

これが、20世紀型の成長社会における典型的な日本人としての幸福論だった。こうした「共同幻想」を、みんなが一緒になって追い求めていた時代なのである。

20世紀型の成長社会では、そんな一般的な幸福パターンに向かう周囲の流れに乗っていれば、7割方の人がライフデザインをあまり意識することなく幸せになれたのだ。その最たる時期が、1980年代だった。

人生は、国家と企業が自動的につくってくれるものだったからだ。自分の勤める会社という「渦」に巻き込まれているだけで、会社が幸せにしてくれた。

しかし、成熟社会になると、ただやみくもに頑張っているだけでは「みんな一緒」の幸せをつかむことはできなくなる。

「趣味としての読書」から「人生を切り拓くための読書」へ

成熟社会では、「それぞれ一人一人」が自分自身で、世の中の流れと自らの人生とを鑑《かんが》みながら、自分だけの幸福論を決めていかなければならない。

「そんなことはない。いつの時代だって人は自分の幸福論を考えてきた」

そんな反論が聞こえてきそうだ。

でも私はそう思わない。20世紀型の成長社会で人生を謳歌《おうか》してきた人々は、独自の幸福論をあまり真剣に考える必要がなかったのだからしかたない。

彼らは、定年時に住宅ローンが残っていても、確実に出る退職金で一気に支払うことができた。つまり、退職するまでの会社人生で「一回あがり」ができる幸福論があったのだ。それに疑いを挟む余地がなかったので、定年までは会社とともにあればよかったのである。

いっぽう彼らの定年後のイメージは、たとえば畑仕事に精を出すとか、蕎麦《そば》打ちに精を出すとか、郊外にペンションを構えるというような「第二の人生」を計画することだった。

ところが、もはや、国家と企業にはそうした幸福論を保証する能力がないことがバレてしまった。それぞれ一人一人が自分自身の幸福論を編集し、自分オリジナルの幸福論を持たなければならない時代に突入したのである。

私が最初にこのことを訴えたのは、1997年12月に刊行された『処生術』（新潮社）という本だった。そこでは、自分が自らの人生の主人公にならなければならないと強く打ち出した。

しかし、20年以上経ったいまでも、その本質を理解している人は極めて少ない。あるいは、自分だけは逃げ切れると思っている人がなんと多いことか。

自らの幸福論を構築していくためには、幸福論を紡《つむ》ぐための教養が必要である。しかし、そうした教養は学校では教えてくれない。

「それぞれ一人一人」の幸福をつかむための軸となる教養は、自分で獲得しなければならない。そのためには、読書が欠かせないというところに行き着くのだ。

20世紀型の成長社会では、極論すれば、幸福をつかむための読書は必ずしも必要なかった。少し毒を吐くことになるが、お許しいただきたい。

かつては、城山三郎さんの経済小説あたりを読んで、会社というものの権力構造をわかったような気になっていればよかった。ドラッカーの『マネジメント』（ダイヤモンド社）をかじって、経営学をわかったつもりでよかった。ちょっと知性があるフリをするためには、吉本隆明さんの著作を読んで、それっぽい感想を吹聴《ふいちょう》すればよかった。

少し前であれば、1983年に刊行された浅田彰さんの『構造と力』（勁草書房）だ。正直に申し上げれば、私も読もうとして買ったが、難解過ぎて理解できなかった。

こうした本が何十万部も売れるということは、小脇に抱えていることで知性がアピールできたからにほかならない。つまり、趣味や見栄で読書をしている人はいたと思うが、自分の幸福論を築くために読書をしていた人は少なかったはずだ。

「それぞれ一人一人」の幸福論が持てなければ、幸せになれない時代。

「幸福にはどのような種類や段階があるのか？」

「どうすればそれを得ることができるのか？」

「幸福はお金で買えるのか？」

「いったい、どれほどお金があれば幸福になれるのか？」

「お金を使うんじゃあないとすると、ほかにどういうやり方があるのか？」

「どういう地位を得れば、幸福になれるのか？」、あるいは「幸福は地位や名誉とは無関係なのか？」

幸福に関するこうした問いに対して、学校の先生が十分な示唆《しさ》を与えてくれるとは思えない。では、親は教えてくれるだろうか。

親が教えてくれるのは、親の生き方であり、親のやり方だ。ところが、その親たちは、黙っていても7割方が幸福になれる時代を駆け抜けてきた人たちなのだ。

親の言うとおり、先生の言うとおりに生きたとしても、うまくいく保証はひとつもない。彼らにとって成熟社会は、未知の世界だからだ。だとしたら、自ら切り拓くしかないだろう。

だからこそ、人生の糧《かて》を得る手段として読書をする必要があり、教養を磨く必要があるのだ。

どうやって「それぞれ一人一人」の幸福論を築くか

自分の幸福論を構築するには、世の中をどのように把握し、それに対して自分の人生をどのようにとらえるかが重要になる。

「人生のとらえ方」とは、いわば人生の幸福の実現のためにどういうテーマを持ち、どういうベクトルに向かって進んでいくかということだ。

幸福という定義を自分で決め、現在の自分がどの地点にいて、どちらの方角を目指し、どこまで達成すればいいのかということまで、すべて自分で決めていかねばならない。

だれも助けてはくれない。これは、じつに恐ろしいことだ。

成熟社会は、個人がバラバラになっていくことと同義である。それにともなって、地域コミュニティの影響力も後退していく。

日本にはもともと地域社会というコミュニティがあったが、産業化によって破壊されていった。その代わりの役割を果たしたのが、企業というコミュニティだ。しかし、成熟社会では、それさえもアメリカ流のグローバリズムによって分断されていく。

じつはヨーロッパを中心に成熟社会を迎えた先輩諸国がやったのは、国家として宗教を発動し、バラバラになっていく個人を再び紡ぐことだった。日本のように企業がその役割を担うのではなく、宗教界が教会というネットワークで紡いでいったのだ。

ややこしいのは、日本は太平洋戦争の影響で、このように、国家が宗教を発動できなくなったことだ。

宗教の未整備によって、とくに若い人たちが浮遊している。では、宗教の代わりに彼らをつなぎとめているものは何か。

それが若者が異常にのめり込んでいるＬＩＮＥやＳＮＳである。突出して盛んになったのは、宗教の代替機能として、つながったような気になるという側面が大きかったと私はみている。

宗教が機能している社会では、宗教が物語をつくり、幸福とは何かを教える。でも、日本のように宗教が機能不全の国家では、自分で自分の宗教、あるいは、その代替物としての幸福論を持たなければならない。だが、ＳＮＳはその場限りのつながりを与えてくれるだけで、幸福論の代わりにはならない。

だれかに託したり、自らを捨てて帰依《きえ》することができる人はそれでいいと思う。しかし、そうではない普通の人は自分で本を読み、自分で世界観を構築しなければ幸福論は築けない。

共同幻想を追いかける「みんな一緒」の習慣に抗《あらが》うには、よほどの覚悟がいる。

時代の変わり目には（いまがそうなのだが）、あたかも「みんな一緒」の時代に逆戻りしているような錯覚を覚えることもある。それを反動と呼ぶが、成熟社会が深まる流れは変えられない。

だれもが、やがて決断せざるを得なくなるだろう。自分の世界観と人生観を持ってどういうベクトルに向かって進んでいくのか。つまり、何をテーマに掲げて生きていくかということを決めなければならない。

そのとき、本を読まないまま決断することは無理だと思う。

だからといって、本を読めばすぐにその世界観が手に入るわけでもない。リクルートの創業者である江副浩正氏がこう言っていた。

「1つの世界をつくるには、25年はかかる」と。

「本を読む習慣がある人」と「そうでない人」に二分される階層社会

これから先の日本では、身分や権力やお金による〝階級社会〟ではなく、「本を読む習慣のある人」と「本を読む習慣のない人」に二分される〝階層社会〟がやってくるだろうと私はみている。

その顕著な例として、2014年12月10日、NHKの情報番組「クローズアップ現代」で読書に関する興味深い放送があった。タイトルは「広がる〝読書ゼロ〟〜日本人に何が〜」だ。少し長くなるが、本書のテーマと重なる部分も多いので、番組内容を要約してみたい。

番組は、冒頭で文化庁が発表した「読書」に関する調査結果を挙げている。

1カ月に1冊も本を読まないという人が47・5パーセントに達し、2人に1人は本を読まなくなったというのだ。私の実感としても、うなずける。

番組は帝京大学の学生に取材し、次のような回答を得た。

「インターネットで調べたほうが、本を読むよりもすぐに調べられるので、読書に回す時間はほぼない」

「スマートフォンも実際に情報がたくさん詰まっているものなので、そちらを見ている時間に取られてしまう」

これが、現代の若者の実態だろう。

本を読まないことの影響を調べるため、番組は人間の情報探索行動を研究している筑波大学図書館情報メディア系の逸村《いつむら》裕《ひろし》教授と実験を行なった。

それは、学生がレポートを書くにあたって、本を読む人と読まない人の間にどのような違いがあるかについて比較する実験である。課題はこうだ。

「『英語の早期教育』に関する議論について整理し、ふくめるべきだと思われるトピック（事実や議論など）を箇条書きにし、あなたの論旨と意見を明記してください。Ａ４レポート用紙１枚以内（１５００字以内）にまとめてください」

参考資料として、図書館内の書籍やインターネットは自由に使用して構わないという条件も書かれている。

実験に参加したのは6人の学生だ。そのうち、1日の読書時間がゼロの学生が4人、30分の学生が1人、2時間の学生が1人だった。実験開始後、すべての学生がインターネットで「英語の早期教育」というワードで検索をかけた。

ほとんどの学生は驚くべきスピードで必要な情報を取捨選択し、ネット記事を「コピペ」して修正をかけ、レポートを完成させた。

ただ、読書時間が2時間の学生だけは違った。

彼はヒットした記事に参考文献として挙げられていた2冊の書籍のタイトルをメモしたうえで、図書館に向かった。そこで目当ての本を手に取ると、さらに偶然目にしたテーマに関連しそうな本も2冊手に取った。その学生は言う。

「ネットだとキーワードで調べたものしかヒットしないという面があるのに比べて、

本は検索では結びつかないようなものも拾ってこられる」

特徴的だったのは、インターネットだけで完成させた学生のレポートのテーマが多岐にわたっていること。だがそれに対する論理的な展開に乏しく、多岐にわたるテーマを編集できていない。情報をかき集めるだけかき集めて並べただけで、一本筋が通っていないのである。

しかも、自分なりの意見がほとんどなかった。コピペや引用のあとに、わずか数行の意見らしきものがあるだけだ。むしろ感想と言ってもいい程度だった。

反対に、図書館で本を借りた学生だけはテーマを絞っていた。自ら仮説を立てながら資料にあたり、早期教育は必ずしも必要ではなく、大人になってからでも習得可能であることに目をつけた。彼は、本にあたることで論理的な思考を行ない、自分なりの論旨を展開していったのだ。

「読書」と「自分なりの意見」の相関は、私自身の経験からもいえる。第3章で詳しくお話しするが、私はある時期までまったく本を読まなかった。それでも、大学卒業とともに入社したリクルート時代は面白い企画を考え出し、それを効果的にプレゼンし、実際に成果をあげていた。

しかし、世の中に対する意見や人生に対する仮説を持つことはできなかった。ようやくそういうものが出てきたのは、30歳を超えてから一念発起して読書を始め、300冊を超えたあたりからだった。

あらためて思うのは、読書を通じて知識のインプットを蓄積していかないと、自分の意見というものが出てこないという事実だ。

番組では、中盤からジャーナリストの立花隆さんが登場し、こんな発言をしている。

「ネットだけだと、どうしても掘り方が浅くなる。もうちょっと深い情報を得たいと思ったら、本なりその他もろもろの手段がありますから、それを通してより深い情報を得ることが必要なステージに必ずいくんですね」

立花さんも番組のなかでおっしゃっていたが、スマホやインターネットがすべて悪だと言いたいわけではない。インターネットは使い方しだいで、本だけでは得られない有用な情報にあちこちからアクセスすることができるからだ。

しかし、私もネットだけの情報では底の浅い思考しかできないという意見に賛成だ。深く論理的な思考をするうえで、本は絶対に欠かせないものだと思う。

第1章　本を読むと、何が得か？

読書をするだけで、ほぼ「10人に1人」の人材になれる

私は『藤原和博の必ず食える1％の人になる方法』（東洋経済新報社）という本で、稼げる人になるためには、100人に1人を目指せと書いた。

まず「パチンコをするか、しないか」という点が第一段階だ。

もちろん、暇な時間を持て余していた学生時代に少々手を出していた程度であれば問題ない。しかし、社会人になっても日常的にやっているようでは、ギャンブル依存症か、その予備軍と見られてもしかたがないだろう。金銭的にもコミュニケーションレベルとしても、悪影響を及ぼすと見て間違いない。

パチンコをする人と、しない人の決定的な違いは、時間をマネジメントする発想があるかないかである。パチンコは非生産的な行為だ。平気で非生産的な行為に時間を浪費する人に、時間に対するマネジメント能力があるとは思えない。

20世紀型の成長社会であれば、勝手に市場が拡大してくれた。時間を無駄にしても社会全体の利益の恩恵を受けることができたので、それほど大きな問題にはならなか

った。

だが、21世紀型の成熟社会ではそうしたおこぼれの恩恵はない。時間のマネジメントができない人は、時間あたりに創出する付加価値が低くなってしまうため、真っ先に労働市場から淘汰《とうた》される。パチンコをするか、しないかという視点が最低限のレベルだというのは、そうした観点に立っている。

まず、パチンコをしないというだけで、2人に1人の人材になれるということ。

その次の段階は「ケータイでネットゲームをするか、しないか」だ。

これもパチンコと同様、時間のあるときに息抜きで遊ぶぐらいであれば問題ない。しかし毎日のように、電車だろうが家だろうが四六時中やっているような人は、ネットゲーム依存症か、その予備軍と言ってもいい。

これも、時間に対するマネジメントの問題だ。

ゲームをやっている間は、ほとんどアタマを使っていない。親指の反射神経はよくなるかもしれないが、ほかに何の役にも立たない。

依存症や予備軍の人は、現実から逃避するために膨大な時間を無駄にしているだけでなく、仕事や勉強や睡眠などの大切な時間を削っていることに気づいていない。

パチンコもしないし、ケータイでネットゲームもそんなにしないなら、あなたは自動的に4人に1人の人材になれるのだ。

これまでの2つの段階は、言わずもがなの最低限のレベルである。それだけで4人に1人の人材になれるのだから、いかに多くの人が時間をマネジメントできていないかがわかるだろう。


問題は、パチンコやネットゲームに浪費しない時間を何にあてるかということ。それが第三段階の条件である「読書をするか、しないか」という視点になる。

ここであらためて言いたいのは、21世紀型の成熟社会では教養が大事になるということ。その教養は、読書をすることなしに得られるものではない。そして何より重要なのは、パチンコをせず、ネットゲームにはまらず、読書をするだけで「8人に1人の希少（レア）な人材になれる」ということなのだ。

8人に1人ということは、大雑把に言うと10人に1人の人材になれるということ。その意味では、読書によって教養を身につけるかどうかは、10パーセントの階層に入れるか否かを決定づける要因になる。

読書をするだけで、ほぼ「10人に1人」の人材になれる

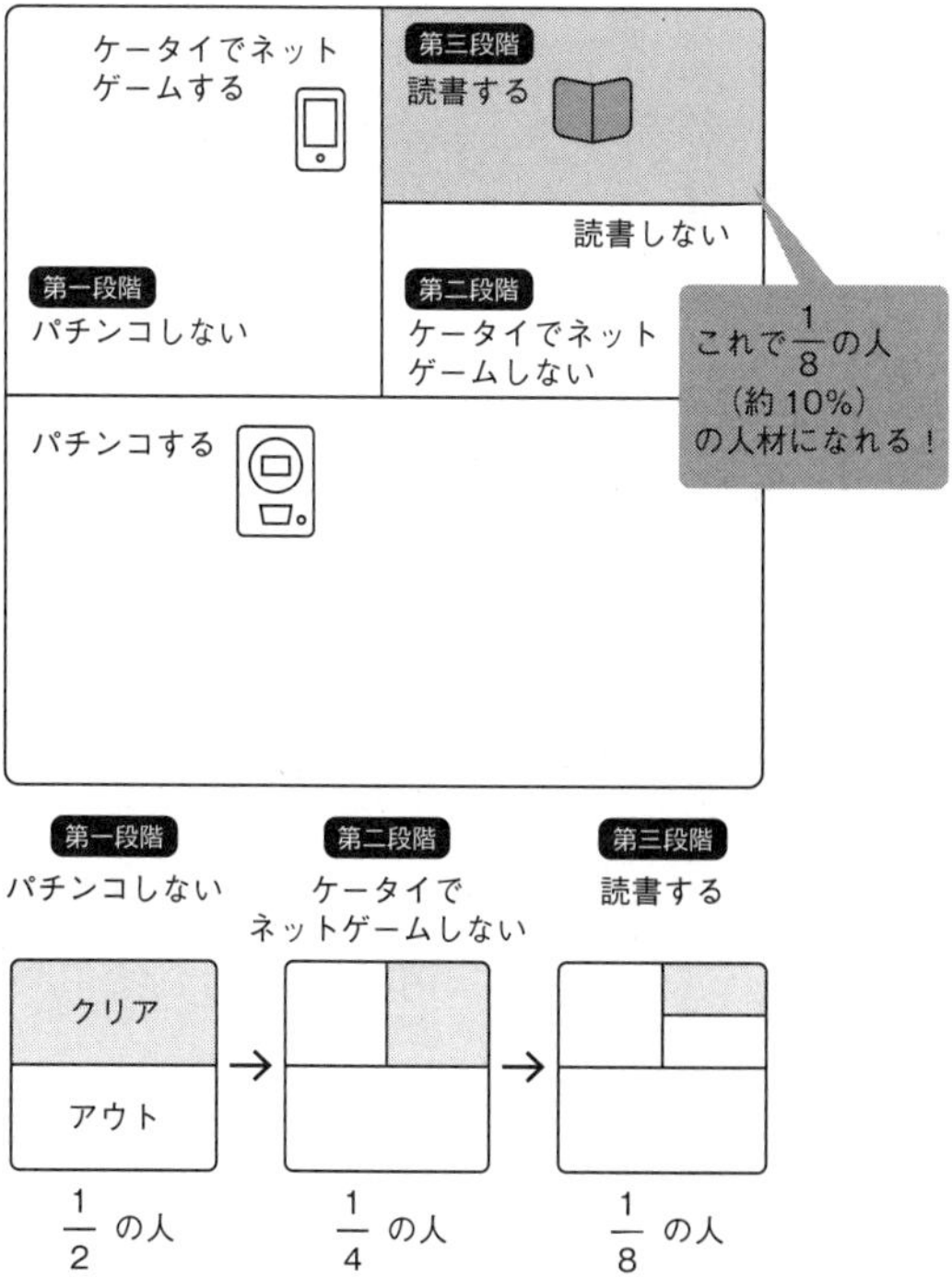

（「藤原和博の必ず食える1%の人になる方法」東洋経済新報社 P9の図をもとに作成）

本を読むか読まないかで、報酬の優劣は決まってくる

みなさんは、ご自分が1時間あたりにどの程度「稼ぐ力」を持っているか、考えたことがあるだろうか。

NPO法人で働く人やボランティアを除けば、1時間あたりの報酬が最も低いのは飲食店や小売店などのフリーターだろう。地域によって最低賃金が違うので一概にはいえないが、平均するとおおむね800円〜1000円といったところだ。このやや上の水準に、いわゆる非正規雇用の労働者層が広がっている。

年齢によって幅が広くなるが、正社員のビジネスパーソンや公務員の年収を年間総労働時間で割って時給換算すると、だいたい2000円〜5000円の間になる。

課長職や部長職などのマネジメント職になると収入は増えるが、会社にいる時間のほかにも接待など、実質的な労働時間が長くなっていく。したがって、時給がこの範囲を大きく超えることはほとんどないといっていい。

そして、その上には企業に雇われていない専門家が入ってくる。

たとえば、人気のある弁護士クラスで3万円程度、外資系コンサルタントの雄・マ

ッキンゼーのシニアコンサルタントで８万円ぐらいになる。

こう見ると、日本人が普通に働いたときの時給は、フリーターの８００円からマッキンゼーのシニアコンサルタントの８万円まで、１００倍の範囲に収まってくる。

１時間あたりの報酬が１万円を超えたところから、私は「エキスパート」と呼ぶことにしている。私の感覚でいえば、弁護士、コンサルタント、医師などのエキスパートでありながら本を読まない人に、これまで会ったことがない。なぜなら、知識はつねに入れ替わっていくもので、最新の情報を持っている人しか顧客の期待に応えることができないからだ。

その意味でいえば、時給８００円のフリーターはそこまで期待されていない。職業に貴賤《きせん》があるとは思っていないし、人格とは別の話だが、純粋に仕事と報酬という観点でとらえた場合、彼らがマニュアル以外の本を読む必要はないのかもしれない。しかし、時給２０００円〜５０００円のビジネスパーソンや公務員はそうはいかない。

本を読むか読まないかで、報酬の優劣は決まってくる。本を読むことで限りなくエキスパートの報酬水準に近づいていくか、本を読まずに限りなくフリーターの報酬水準に近づいていくかという分かれ道だ。

いっぽう、さまざまな仕事のなかで時間あたりに稼ぐ効率が最も高いのは講演である。ビル・クリントン氏のようなアメリカの大統領経験者になると、1回の講演で数千万円を稼ぎ出す。

大統領や首相経験者でなくても、講演は稼ぐ効率が高い。日本の有名人クラスでは、1時間あたり100万円ぐらいになる人もいる。たとえば、宮本輝さんのような一流の作家やジャーナリストは、100万円前後かかると聞いたことがある。

1時間あたりに生み出す価値でみれば、日本のなかでも最低ランクのフリーターの約1000倍、トップクラスのシニアコンサルタントでも10倍の開きがある。講演で稼ぐ人の時給にかなう職業はおそらくないだろう。

さまざまな分野で「一流」と呼ばれる人は、話すだけで1時間あたり100万円を稼ぐ。その根底にあるのは、聴衆を満足させるだけの知識だ。彼らは、その知識を得るために必ず本を読んでいる。

もちろん、聴衆が期待しているのは、講演者が本で得た知識ではない。むしろ、だれも聞いたことがない、その人が実際に体験したことの数々だろう。

しかし、人間はすべてのことを体験することはできない。たとえば、櫻井よしこさ

時間あたりの収入分布図

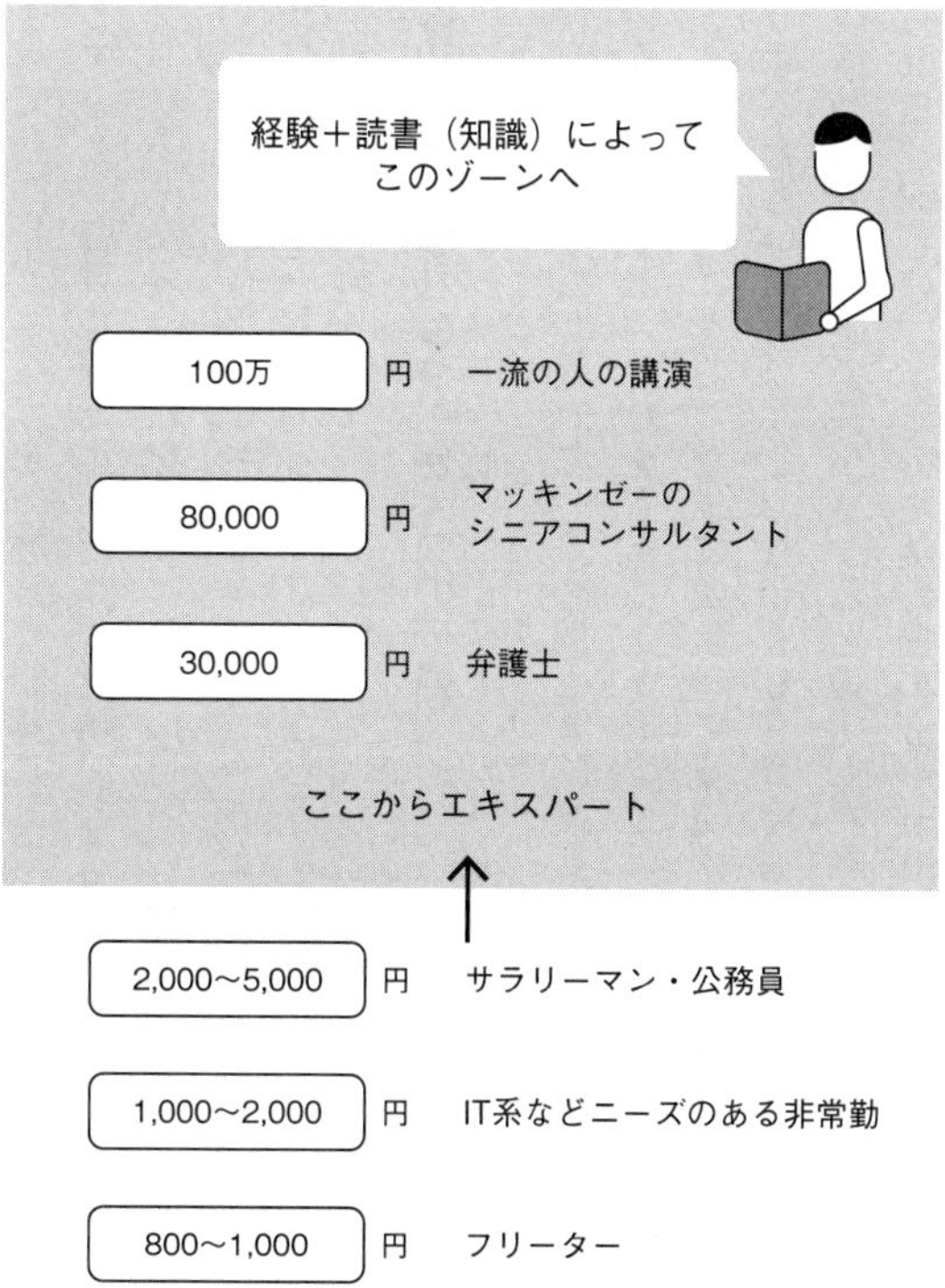

経験＋読書（知識）によって

このゾーンへ

100万	円	一流の人の講演

80,000	円	マッキンゼーの シニアコンサルタント

30,000	円	弁護士

ここからエキスパート

2,000〜5,000	円	サラリーマン・公務員

1,000〜2,000	円	IT系などニーズのある非常勤

800〜1,000	円	フリーター

んが講演で日本の領土問題を話すとき、尖閣諸島や竹島や北方領土など話題にする場所をすべて訪問し、すべてを体験して語ることなどできはしない。

だとすると、資料を読み込んだり、信頼できる書き手の著書を読んだり、信頼できるネットワークからの情報を得て、それに自らの体験を乗せて語っているはずだ。

ということは、1時間あたりに生み出す付加価値の総量を上げるためには、本を読むことが欠かせないといえるのではないだろうか。

人生の50年間で触れ合うべき4つの分野

1日24時間のうち、眠っている時間を8時間とすれば、起きている生活時間は16時間ということになる。それをもとに1年間の生活時間を計算すると、16時間×365日で5840時間になる。たまに頑張って夜更かししたり、睡眠時間がもっと短かったりする人もいるので、おおむね6000時間としよう。

30歳前後の人が健康で長生きすると仮定した場合、残りの人生はおよそ50年あると考えられる。50年に、1年の生活時間の6000時間を掛けると、その人の残りの生活時間は30万時間になる。

その限られた30万時間の間に、どのようなインプットをして、どのようなアウトプットをしていくのか。人生を生きるとは、つまりそういうことである。

情報のインプットについては、45ページのマトリックスを使って説明するとわかりやすい。

1つの軸は、「個人的な体験」か「組織的な体験」かである。もう1つの軸は、「メディアを通じた体験」か「リアルな体験」かである。この4象限の体験によって、人間はほとんどすべての情報をインプットしている。

「組織的な体験かつメディアを通じた体験」としては、テレビ、新聞、そのほかのマスメディア、広告などが挙げられる。

「組織的な体験かつリアルな体験」として挙げられるのは、学校、会社、家族などである。

いっぽう、「個人的な体験かつメディアを通じた体験」が、読書とインターネットだ。

さらに「個人的な体験かつリアルな体験」とは、遊び、仕事、旅などを通じた人との出会いや自らが体験する出来事の数々だ。

人生では、だれもがこの4つの象限のどこかにふくまれる体験をしている。問題は、この4つの象限の、どこにどの程度の時間をかけているかということだ。

人間にとって最も強烈なインパクトを与えるのは、「個人的でリアルな体験」だろう。残りの人生30万時間のうち、この象限にどれだけの時間を割りあてられるか。それが、体験から得られる学習の質を決めるといっても過言ではない。

反対に、「リアルな体験」とはいえ、「組織的な体験」に分類される学校や会社、家族からのインプットについては、どうしても受動的な要素が強くなる。学校や会社は強力なシステム構造を持った組織なので、個人は否応なく影響を受ける。

また、現代に生きる私たちにとって、「メディアを通じた体験」から逃れることはかなり難しい。とくに、「組織的な体験」としてのテレビを中心としたマスメディアやスマホを含む広告キャンペーンの影響を受けやすい。

こうした「組織的な体験」の時間が多くなると、人はどのような思考回路になっていくだろうか。

リアルな世界で学校や会社などのシステムの流れに従い、バーチャルなメディア体験でもマスコミや広告の影響下に身を置けば、そのシステムの常識や前例を疑ったり、マスコミや広告キャンペーンがつくり出す空気に対して多面的に思考したりすること

人生の50年間で触れ合うべき4つの分野

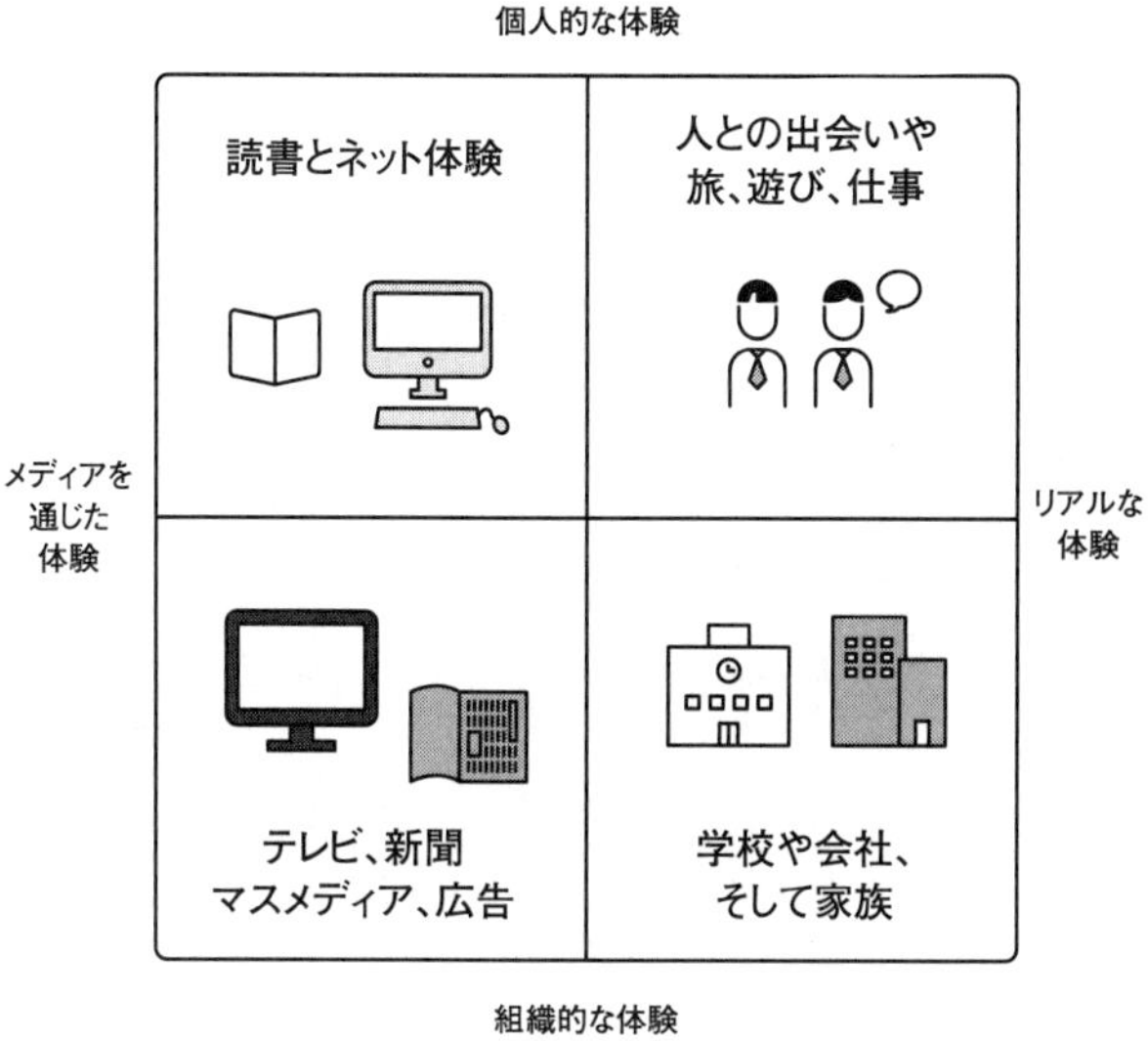

は難しくなるだろう。

たとえば、テレビのコメンテーターが発する意見をあなたの意見のように勘違いしやすいということ。それでは、右側からだけ見せられたら「左からはどう見えるだろう」とか、表面づらのきれいごとを述べられたら「裏から見れば違うのではないか」と複眼思考（クリティカル・シンキング※詳しくはP153～）するクセはつかない。世の中に流布する情報を無条件に受け入れ、それがあたかも唯一の正解のように思い込んでしまう。これは危険な兆候だ。

21世紀型の成熟社会を生き抜くには、「上手に疑う技術」が必要になる。だから、情報に踊らされないためには、「個人的な体験」をする機会をできるだけ多く持つしかない。しかも、「リアルな体験」に越したことはない。

だが、さきほどみたように、人の一生の時間には限りがある。望むことすべてを体験することは不可能だ。そのようななか、本は、著者を通して「個人的でリアルな体験」を味わうことができる手段なのである。

読書によって、「想像する力」が磨かれる

序章で紹介したＮＨＫクローズアップ現代の「広がる〝読書ゼロ〟～日本人に何が～」では、読書が脳に与える影響を研究する東京大学大学院総合文化研究科の酒井邦嘉《くによし》教授が登場する。

科学的な視点から読書の効能について端的にまとめられているので、番組の内容と酒井教授が書いた『脳を創る読書』（実業之日本社）を引用しつつ考えてみたい。

「本を読むという行為は決して情報を得たいというためにやるわけではなくて、むしろ『自分の中からどの位引き出せるか』という営みなのです」　（番組より）

酒井教授は、読書をしているときの脳は、ほかの活動をしているときとは違う働き方をすると指摘する。その例として、番組では、雪国の情景をナレーションをふくむテレビ映像と文章で比較している。

テレビの映像は、視神経を通じて後頭葉《こうとうよう》の「視覚野《しかくや》」でとらえる。同時に、ナレーションは聴覚神経を通じて側頭葉にある「聴覚野」でとらえる。聴覚野でとらえた言葉は、いくつかの「言語野」へ送られる。酒井教授によると、脳の言語野は４つの領域に分かれているという。その場所を表したのが、49ページの図に示した「言語地図」である。

「左脳の後方には『音韻（アクセントなど）』を扱う領域と、『単語』の意味に関係する領域がある。左脳の前方には、さらに『文法』をつかさどる領域と、文章の『読解』に必要な領域がある。後方の2つの領域は言語の入力を受け取る役割も兼ねているが、『文法』の領域は入出力に対して中立であり、理解と発話の両方で働いている」

（『脳を創る読書』より）

視覚野でとらえた映像と言語野で理解した言葉をもとに、脳は場面の意味を理解する。

しかし、テレビ画面からは次々と新たな情報が送られてくるため、脳は入ってくる情報の意味を理解することで手いっぱいになる。表層を理解することにとどまるのだ。

いっぽう、読書の場合はどうなるだろうか。

川端康成の『雪国』の冒頭「国境の長いトンネルを抜けると雪国であった」という文章を読んだとしよう。活字は視神経でとらえられ、脳の視覚野に入る。そこから、次のようなルートをたどって意味を理解する、と酒井教授は言う。

脳の「言語地図」

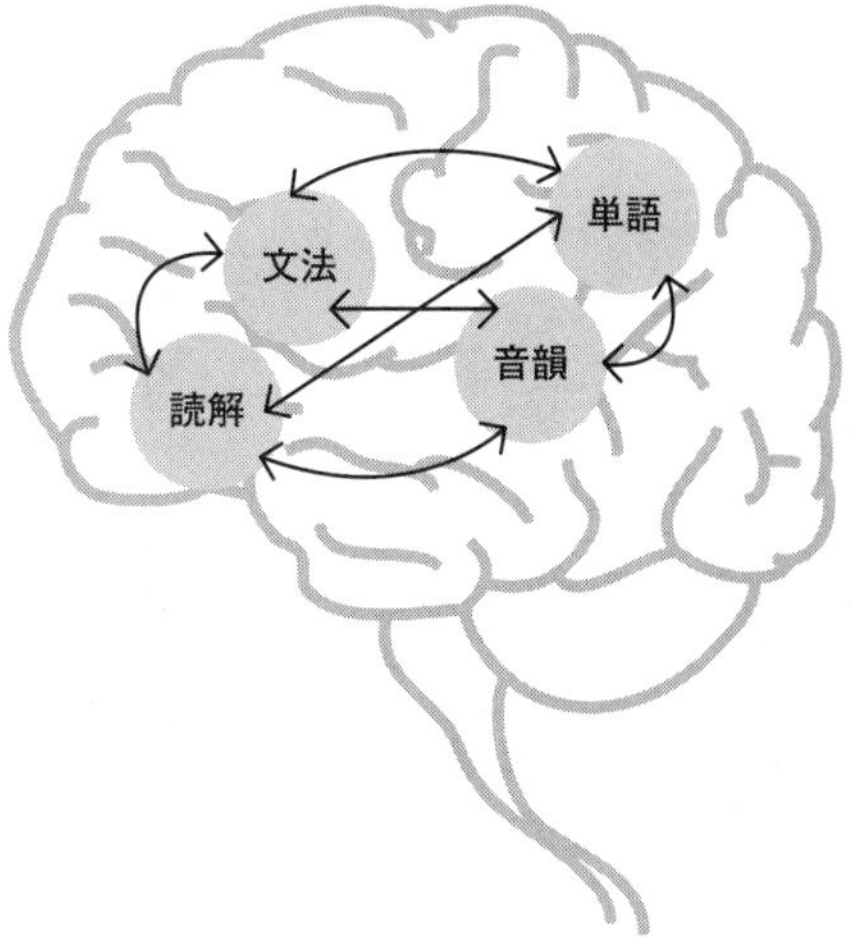

左脳の後方には「音韻（アクセントなど）」を扱う領域と、
「単語」の意味に関係する領域がある。
左脳の前方には、さらに「文法」をつかさどる領域と、
文章の「読解」に必要な領域がある。
（『脳を創る読書』P15〜16より）

「黙読しているときも、音声化できる活字の場合は、いったん脳の中だけの『音(音韻)』に変えられ、記憶との照合によって自動的に単語や文法要素(たとえば『てにをは』)が検索される。検索された情報は、さらに単語の意味や、文を作る文法を分析するため、別の『言語野』へと送られる。そこで初めて『読む』という行為が言語と結びつくのである」(『脳を創る読書』より)

このとき、脳は「雪国」の情景や登場する人物について想像を働かせようと、視覚野が動き出すという。視覚野に蓄積された過去の映像が引き出されて、場面のイメージが脳のなかにつくり出される。酒井教授は、このループこそが「想像力」を養うことにつながると指摘している。

「読書と言っても、そういう言葉だけでは実はなくて、視覚的に映像を頭の中に想起するとか、過去の自分の体験と照らし合わせて対比して考えるとか、自分で得られた情報から更に自分で自分の考えを構築するというプロセスがはいってくるので、人間の持っている創造的な脳力がフルにいかされることになります」(番組より)

現代は映像時代であり、テレビでもデジカメでもスマホでも、解像度の高さが機能の中心となっている。鑑賞に値する写真や動画の画質、あるいは映画を楽しむ際の3Dのクオリティなどは、当然、解像度が高いほうがいいに決まっている。

しかし、人間の脳の働きの側から見ると、話は変わってくる。

解像度が高いものを見れば見るほど人間のイマジネーションのレベルが下がってしまうからだ。すべてが詳細に見えてしまえば、あいまいな部分を想像する必要はない。

テレビやスマホで動画を見る機会が増えれば増えるほど、その傾向に拍車がかかる。

酒井教授が脳の働きを解説しているように、次から次へと視覚に飛び込んでくる映像を処理することで精いっぱいになり、映像を見てイマジネーションを働かせる暇がない。いきおい、テレビや動画のつくり手側も、あまり受け手にイマジネーションを要求するようなことはしなくなる。

こうしたテレビの特徴をとらえて、カナダ出身のメディア学者マーシャル・マクルーハンは「クールメディア」と呼んだ。

私たちが日常生活のなかで受け取る情報量の7割以上は、視覚からの情報だという研究結果がある。テレビが視覚に訴えて現実に近いものを見せてあげれば、視聴者はクールに納得しやすいということである。

これに対し、ラジオは声と音しか聴こえないメディアだ。限られた情報しか与えられないので、リスナーは想像力を大いにかき立てられる。それとともに感情が刺激され、どんどんホットになっていく。そのため、マクルーハンはラジオを「ホットメディア」と呼んだ。

こうしてみると、読書はラジオと同様に、言葉を頼りに想像力をかき立てるメディアであるといえよう。なおかつ、読書は、受動的にインプットするラジオとは異なり、能動的に情報を取りにいかなければならない。「アクティブ・ラーニング（主体的な学習）」に適したメディアなのだ。

映像時代に生きる人々には矛盾して聞こえるかもしれないが、想像力を磨くためには、読書が必要だということ。テレビの構成作家や演出家がこぞって読書家であることがそれを証明している。

読書によって身につく、人生で大切な2つの力

自分のやりたいことを実現させるうえで大切な、読書によって身につく力がある。それは「集中力」と「バランス感覚」だ。

この2つの資質は、できれば高校生あたりまでに身につけておきたい。早ければ早いほどいい。その後の人生で訪れるチャンスをものにできる可能性が高まるからだ。

まずは「集中力」から考えてみよう。

私は、才能豊かな人や有能なビジネスパーソンに数え切れないほど会ってきた。どのような分野でも、成功した人やユニークなことをやって注目を集めている人は、例外なく集中力が高い。

集中力は、受験勉強をふくめた日々の勉強で身につけることができる。限られた時間のなかで一定量の知識を記憶したり、さまざまな問題を解いたりすることは、集中力を鍛える絶好の機会だ。何のために勉強するのか、という問いに対する答えのひとつでもある。

もちろん、勉強以外にも集中力を鍛錬する機会はある。

陰山英男先生の百ます計算を解くことでも、ピアノの練習をすることでも、サッカーの練習でもいい。これは直接的に計算力を高めたり、リズム感を養ったり、運動能力を磨いたりするためでなくてもいいのだ。結果的にその分野の才能が開花することもあるとは思うが、本当の目的は何か1つのことに集中する習慣を身につけること。

そして、もう1つ、集中力を磨く有効な手段として挙げたいのが読書である。

時間が経つのを忘れたり、人の話が耳に入らないほど夢中になって本を読んだりした経験がだれにでもあるはず。読書を楽しむことが集中力の鍛錬になっているのだ。

もう1つの「バランス感覚」とは何だろうか。

人を褒めるとき、このバランス感覚という言葉がよく出てくる。しかし、この言葉の意味を正確に把握して使っている人がどれほどいるだろうか。あらためて、バランス感覚という言葉の定義について、私なりの考えを示しておきたい。

ここでいうバランス感覚とは、自分と地面（地球）、自分と家族、自分と他者など、世の中全体と自分との適切な距離感を保つことができる能力のことである。

最近の子どもたちはうまくバランスが取れていないように見える。それは、20代から30代の若者にも広がりつつある。

たとえば、自分と地面の関係でもそう。転んだときに手をつくことができず、顔から落ちて鼻の骨を折ってしまう子ども。加減がわからず、サッカーボールを蹴って骨折してしまう子ども。冗談のような話だが、実際に教育現場に立ってみて、こうしたケースが珍しくないことを知った。

コンクリートで埋め尽くされた都会では、子どもたちが安心して遊べる土や芝生の公園が減っている。いきおい、心配性の親たちは子どもたちを転ばせないよう、すぐに手を引いてしまう。思いきり転ぶ機会が極端に少なくなったため、周囲の物事と自分との関係性に身も心も揉まれていないのだ。

塾や習いごとで時間を取られて遊ぶ機会が減っていることも1つの要因だろう。しかし、それよりもはるかに大きな元凶は、テレビやゲームである。

家のなかではテレビやゲームに興じ、外に出て友だちと集まってもスマホやゲーム機器の画面を見続けている子どもが多い。彼らは、そこらじゅう駆け回って鬼ごっこや戦争ごっこをやろうとはしない。

バランス感覚は、テレビやゲームで身につくはずはない。私は、まずは体を使った遊びのなかで身につくと考えている。佐賀県武雄市の教育改革でごいっしょした、幼児から小学生の教育で秀逸な実績のある「花まる学習会」高濱正伸代表も同じ考えのようだ。だから、外遊びやサマーキャンプで体を使ったチャレンジを重視する。

そういう遊びをしていなければ、どの程度の高さなら飛び降りても安全で、どの程度の高さだと危険なのかという判断基準を身につけることはできない。砂場や原っぱで相撲やプロレスごっこをやっていれば、自然と受け身を覚え、どの程度の力で投げたら危険かという感覚も身につくだろう。

自然をふくむ周囲の物事との関係性の欠如は、対人関係にも多大な影響を及ぼす。逆にいえば、周囲の物事との空間的な感覚が、人間関係における距離感にも結びついてくるのだ。

子どもが小学校高学年から中学生になった段階で、スマホを持たせる家庭が多い。その年代の子どもに持たせると一気にのめり込んでしまい、1日何時間もかけてLINEで数百通のメッセージ交換をする子どもも珍しくない。

なんとなく寂しいから画面をいじり続ける。少しでも間を空けると、友だちだったはずの相手から攻撃されてしまい、周囲の友だちからも総攻撃を食らってしまう。それが怖くて文字を打ち続ける。

結果的に、ちょっと仲よくなると必要以上にベタベタした関係に陥ったり、反対に、少しでも何かあると絶縁状態になったりする。ゼロか100、白か黒、○か×。微妙な「間《ま》」やグレーな「距離感」というあいまいな状態がなくなり、極端な二者択一の人間関係しか成り立たなくなる。

勉強や読書を通じて獲得した集中力も、バランス感覚がなければ極端な方向へ突っ走ってしまう原因になるだろう。その意味でも、10歳くらいまでは、遊びを通じたバランス感覚を意識することが大切なのだと思う。

バランス感覚は、それ以降の世代では、読書をすることで獲得することも可能だ。読書は、世界観を広げることに役立つ。読書をすることで他人が体験したり調べたりした知識を獲得することが可能になり、自分の内なる世界観の拡大に結びつく。

世界観が広がれば、さまざまな視点で物事や他人を見ることができるようになる。多様な視点を持つことは、バランス感覚を磨くとともに、人格的な包容力や寛容の基礎にもなるだろう。

読書によって身につく、「よのなかを生きる力」

2003年~2008年の5年間、私は杉並区立和田中学校の校長を務めた。都内の公立中学校では初の民間人校長だったこともあり、予想以上に世間の耳目《じもく》を集めたようだ。在任中はさまざまな新しい取り組みを実施したが、その象徴のようなものが「よのなか科」というオリジナル授業だった。

文部科学省が2015年度から力を入れ始めた「アクティブ・ラーニング」(知識をただ暗記させるのではなく、児童生徒の主体的な学習を促し、思考力・判断力・表現力を鍛えて、自分の意見を言えるようにする授業手法)の手本になっているものだ。

「よのなか科」は、これまでの常識や前例を疑い、複眼思考をする力をつけさせるために開発された。身近な事例から、世の中と人間の関係について考察を広げるのが最大の目的である。1つのテーマについて知識や経験のある地域の大人たちをゲストとして教室に招き、子どもたちに問いかけ、みんなで議論しながら学び合う。

「ハンバーガー店をどこに出店すれば儲かるのか」

「安楽死の是非」

硬軟取りまぜ、テーマは多岐にわたる。正解はない。成熟社会に入ったいまこそ、取り組んでもらう意味がある。

正解のない問題について話を聞き、情報を集め、自分なりに考え、議論することで異なる視点を得る。さまざまな考えを取り込みながら、試行錯誤することで自分の意見を進化させていくプロセスが大事なのだ。

たとえば、「自殺は是か非か」というテーマがある。

自殺を道徳的に止めることはできるか、あなたは考えたことがあるだろうか。結論から言うと、これはできない。なぜなら、自殺を道徳的に悪だと言うためには、自殺した人間が悪だと断じなければならないからだ。

日本では年間約2万人の人が自ら命を絶っている。その理由は千差万別だが、優しいがゆえに悪い人にだまされてしまったり、ある種の男気があるからこそ自死を選んでしまう人を悪だと決めつけることはできない。ましてや、小学生から大学生の青少年の自殺もあとを絶たないのだ。人生経験の少ない彼らを悪だと決めつけられるだろうか。

自殺を減らすには、自殺をタブーにしないで議論をする以外に方法はない。

「自分の命は自分の所有物なのだから、どんなふうにしてもいいんじゃないの？」

「いや、お父さんやお母さん、おじいちゃんやおばあちゃん、その前の何代もさかのぼっていけば、世の中の人はみんな親戚なんじゃない？　人間はつながっている存在なのだから、自分が苦しいからって勝手につながりを断ち切っていいのかな？」

感情や先入観によって簡単に結論を出すのではなく、こうした両極端の視点を複眼的に見たうえで、その間に自分なりのポジションを決めさせるようにする。

それが「よのなか科」の授業の特徴だ。


赤ちゃんポストの問題も「よのなか科」が採り上げる絶好のテーマだ。

現実問題として少子化が深刻な現代に、子どもを捨てる親がいる。そのうちの何割かの赤ちゃんは、不幸にも命を落としている。

その子たちを助けるためには、熊本にある赤ちゃんポストのような施設が必要だという意見がある。そんなに意義のあるものなら、なぜすべての自治体に設置しようという動きが生まれないのだろうか。

6年間で相談窓口に電話をした人の約8割が県外という点からも、全国に「ニーズ」があることがわかる。だからこそ全国につくるべきだという意見があっていい。

いっぽうで、赤ちゃんポストの副作用を危惧する意見もある。赤ちゃんポストが身近にあることで、簡単に子どもを捨ててしまう人が出てくるかもしれないという考えだ。

これらの意見は、どちらが正しく、どちらが間違っているとは言えない。大切なことは、そのなかで自分の考えを探ることである。

自殺や赤ちゃんポストに限らず、原子力発電所の是非や自衛隊の役割など、世の中はそう簡単に決められない問題ばかりだ。是か非か、正しいか正しくないかなど、両極端の意見から考えて自分のポジショニングや世界観を決める必要があるはずだ。

そうした両極端の視点を獲得するには、本を読み比べることが肝要だ。

しかし、本を読んでいない人は、その場で起こった問題に対する報道に右往左往するばかりで、視野狭窄《しやきょうさく》に陥り、複眼的な視点を持つことなく安易な判断をしてしまうかもしれない。上っ面を舐めただけで、底の浅いものになってしまう危険性もある。

読書をすることで、人生という軸と世界観を鳥瞰図《ちょうかんず》のように持つことができれば、論理的な議論と判断ができるようになるだろう。

読書をすると、人生のステージが上がる

かつて、いじめ自殺の事件が起こったとき、私は民間出身の中学校長ということで日本テレビ系列の朝の情報番組に呼ばれたことがある。番組のなかで「もしいじめられたら、どうやって対抗するか」という質問があった。私はこんなふうに答えた。

「いじめや自殺を道徳的にただ『ダメだ』と大人が決めつけても抑止《よくし》効果は薄い。学校でタブーにしてしまうと、子どもたちは口を閉ざす。それをもっと日常的に、オープンに言える雰囲気をつくらなければダメだ」

最後に、コメンテーターのひとりであるテリー伊藤さんが意見を述べた。

「私だったら、本を読むことを勧める」

普通の人は、一見、何を言っているのかと戸惑うだろう。関係ないのではないかと。しかし、テリーさんの真意は、いじめっ子と同じ土俵で戦ったら勝てるわけがないという意味なのだ。現実にやられてしまっているのだから。だとしたら、いじめっ子が登ってくることができないステージに登る必要がある。そのために、本を読んだらどうだろう。そう語ったのだ。

私は、テリー伊藤さんとは以前からの知り合いで、ものすごく感性の鋭いコメンテーターだとリスペクトしている。エキセントリックな物言いで物議をかもすこともたまにあるが、じつは、ただ単にウケ狙いで言っているわけではないのだ。非常に考え抜かれたコメントだと感じた。

私は、その言葉を聞いてエジプト考古学者の吉村作治さんのことを思い出した。吉村さんとは「エンジン01文化戦略会議」を通じて親しくなった。その縁で、和田中学校での授業を引き受けてくださった。授業が始まる前、校長室でしばらく雑談したとき、こんな話をしてくれた。

「吉村先生は、小学校、中学校時代はどんな子どもだったのですか？」

「私は、ものすごく、いじめられっ子だったんだよね」

いまのあの恰幅《かっぷく》からは信じられないが、休み時間に教室に居場所がなく、いつも図書室に逃げていたという。そのときに出合ったのが『ツタンカーメン王の秘密』（講談社）という本だった。それが面白くて面白くて、本の世界に入り込むことでいじめられていることも忘れていたそうだ。結局、それが世界的に著名なひとりのエジプト考古学者を育てることになった。

1冊の本が、いじめられっ子を助けることもある。本を読んで自分の世界観を広げ、いじめっ子とは別のステージに立ったというわけだ。テリーさんが指摘したのも、そういうことだろう。そのテリーさんも、本をたくさん読んでいる。だからこそ、そうした意見が言えるのだ。

意識が高まると、「引き寄せる力」も強くなる

さきほどご紹介した、クローズアップ現代の「読書」の特集を観たのは、ほとんど偶然だった。

午後7時半、たまたま家にいた。テレビでも観ようとリモコンを手にした。ザッピングしても、興味が持てる番組が放送されていなかった。最後にNHKにチャンネルを合わせてみる。ちょうど選挙の時期だったので、選挙広報をやっている可能性があった。つまらなければ、テレビを消そうと思っていた。

チャンネルを合わせたところ、流れていたのが読書についての番組だった。ちょうど読書についての本を書こうとしているときだったので、メモを片手に見入ってしまった。

私には、こういうことが頻繁に起こる。つねに10個以上のプロジェクトを同時に走らせているが、それに関係する人や物事に出会うことが多い。「引き寄せの法則」だ。

この現象は、私だけに限ったことではない。

佐賀県の前・武雄市長で、現在は樋渡《ひわたし》社中という会社を経営する樋渡啓祐という人物がいる。彼が市長だったころ、私は彼と一緒に教育改革の仕事をしたことがある。そのときに聞いたのは、やはり意識が集中したときに引き寄せの現象が起こることだった。

彼が武雄市図書館を改装したいと思った日の夜、あるテレビ番組を観ているとTSUTAYA社長で、カルチュア・コンビニエンス・クラブの会長を務める増田宗昭氏が出演していた。番組は、代官山にある新たなコンセプトの書店「代官山T－SITE」についての特集だった。樋渡さんは瞬間的に「絶対にこの人にお願いしたい！」と感じたそうだ。

翌日、TSUTAYAの大代表に電話をかけたが、武雄市の市長と名乗っても社長には取り次いでもらえなかった。電話応対をしたTSUTAYAの担当者からすれば、武雄市の市長なんてどこの馬の骨とも知れない存在。そうした売り込みの電話など、毎日百本単位でかかってくるだろうからしかたない。

あきらめきれないまま、時間だけが過ぎた。たまたま東京出張があったとき、時間を都合して代官山のTSUTAYAを見に行った。すぐそばの交差点まで来ると、なんと、その増田さんが立っているではないか！　完成イベントのあとだったようなのだが、感慨深げに建物を眺めていたという。

樋渡さんはすぐさま駆け寄り、いきなり名刺を渡した。

「私は武雄市長の樋渡と申しますが、図書館を改装するにあたってお力をお借りできないでしょうか」

「承りました！」

間髪を入れない返事に樋渡さん自身が驚いてしまった。あとで聞いたところによると、増田さんの頭のなかにも「次は図書館だ」という構想があったらしい。両者の脳の回路が、一瞬にしてつながったのだ。


人間が蓄積した知識、技術、経験のすべては、脳内のある部分に沈殿している。脳内である意識が強まると、それらがかき混ぜられて浮き上がってくる。

浮き上がってきたときに、一瞬にしてそれらはつながり回路を形成する。それを、人間は想いや考えとして抱くようになる。逆にいえば、知識、技術、経験が点のまま浮き上がってこないと、想いや考えは生まれない。

脳内のつながりが回路になり、想いや考えとして結晶し始めると、それが発信機となってある種の電磁波のようなものを発するのではないだろうか。私は、その電磁波に共鳴するものが引き寄せられてくると本気で信じている。

何より、人間自体も粒子の集合体だ。原子レベルでは電子が飛び交っている存在なのだから、そういうことがあっても不思議はない。

その沈殿している知識や技術や経験のかけらを結びつけるのに、縦糸、横糸、斜めの糸があると私はイメージしている。その糸のことを「触媒《しょくばい》」と呼んでもいいだろう。触媒は3種類ある。その1つが「読書」にほかならない。

ただし、読書だけしていればいいとは言わない。ただひたすら本だけ読み続けていても成長することはたぶんない。

残りの2つの触媒である「遊び」と「芸術」を体験することではじめて、脳内にいくつもの回路ができ、沈殿している知識や技術や経験のかけらが豊かにつながっていくのだ。つながりができると発する電磁波がより強力になり、より多くの関連したヒトやモノを引き寄せるのだと、私は考えている。

知識・技術・経験が、「想い」「考え」に結晶化する

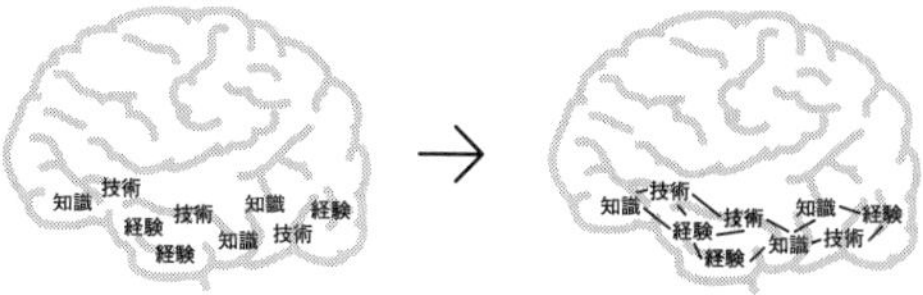

蓄積した知識・技術・経験は
水のなかのように沈殿している

「読書」「遊び」「芸術」が
知識・技術・経験を結びつける糸になる

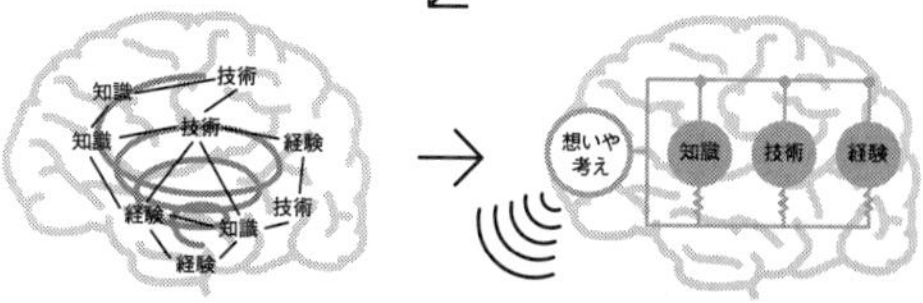

意識が高まると……
かき混ぜられて浮き上がってくる

脳内で回路のようにつながり、
想いや考えとして結晶すると、
発信機の役割を果たす

第2章　読書とは「他人の脳のかけら」を自分の脳につなげること

一人一人が納得解をつくり出す「レゴ型思考」

序章で触れた「20世紀型の成長社会」から「21世紀型の成熟社会」への移行をわかりやすくいうと、「ジグソーパズル型思考」から「レゴ型思考」への転換と言い換えることができる。

ジグソーパズルでは、美しい風景写真やディズニーアニメなどの完成図（正解）があらかじめ設定されている。その正解を、簡単なものでは数十ピースに、難しいもので数千ピースに崩してから元に戻す遊びだ。

1つひとつのピースには、たった1か所の正解となる場所が決まっていて、代わりに置くことのできる場所はない。仮に間違えて置いてしまうと、本来そこに置くべき正しいピースの行き場所がなくなる。当然、ジグソーパズルを完成できない。

20世紀の日本の教育は、たった1つの正解を早く正確に導き出し、パズルをだれよりも早く仕上げられるような少年少女を大量生産することを目指してきた。

それによって、日本が欧米諸国にキャッチアップすることができたのは事実だ。とくに戦後GHQや輸入テレビドラマで見せつけられた豊かな社会「アメリカ」を手本として、憧れを前面に出して突き進んだ発展段階では、大正解だったことは間違いない。

ただふと気づくと、日本社会には、ジグソーパズルを早く正確に完成させることができる人ばかりになってしまった。

もちろん、かく言う私もそうだった。私の周囲にいる多くの世代もみんなそう。ただ、そういうジグソーパズル型の人にはできないことが2つある。

1つは、最初に設定された「正解」の画面しかつくれないこと。

2つ目の問題点は、変更がきかないということ。

美しい山と川の風景を組み上げている途中でふと、せっかくだから海の風景も入れたくなったとしても、それはできない。ミッキーマウスのパズルを途中まで進めていたが、ドラえもんの姿も仲間に入れたくなった。しかし、風景やキャラクターを変えようと思っても、途中から変えることはできない。

この2つの問題点は、まさに日本人のライフスタイルを象徴している。

日本人にとっての正解は、かつては、アメリカ的なライフスタイルだった。アメリカのように豊かになりたいと、戦後50年かけてアメリカを手本とするジグソーパズルを必死になって仕上げようと頑張った。そこまではいい。

その結果、1980年代までに日本にとっての正解はある程度見えたのだ。その先にいくためには、途中で変更して、新たな世界観、新たに目指す図柄を再設定する必要があった。でも、それができなかった。

成熟社会では自らビジョン（図柄）を打ち出して道を切り拓いていかなければならない。なのに、まだジグソーパズルばかりをやっている。そこに日本人の不幸がある。

反対に、レゴブロックの組み上げ方は、知恵を出せば無限に広がる。つくり手のイマジネーションしだいで、家をつくることもできれば、動物園をつくることもできる。壮大な街並みをつくることもできれば、地球を飛び出して宇宙ステーションをつくることもできる。みんな一緒の正解はない。一人一人が、自ら納得する解（納得解）をつくり出すことができるかどうか。それがすべてだ。

ジグソーパズルとレゴブロック。

この2つのゲームが象徴する違いが、20世紀型成長社会と21世紀型成熟社会のルールの違いを端的に表している。そのとき、私たちは、どのような資質を身につけなければならないだろうか。

1冊の本にはどれほどの価値があるのか

レゴ型思考を身につけるための有効な手段の1つに、本がある。

小説であれ、体験を活かしたエッセイであれ、犯罪の裏側を探ったノンフィクションであれ、1冊の本には著者が長い時間をかけて調べ上げたことが書かれている。その作業は、まさに著者の脳内で無から有を創造するものだ。

村上龍さんの『半島を出よ』（幻冬舎）を例に検証してみよう。

村上龍さんは、この小説を書く動機として、北朝鮮という国のことを知らなかったことを挙げている。そして、そこにはどういう考え方をする人間が生きているのか知りたかったのだ、と。

そこで、北朝鮮が本気で日本に攻めてくるとしたら、最初に福岡を占領することから始めるのではないか、という仮説から物語を起動した。そこに北朝鮮軍に対抗する日本人の主人公や脇役を配することで、それぞれがこの事態に直面したときにどのような振る舞いを見せるかについて考察を進める。

そうすることで、北朝鮮の軍事力や日本の意外な脆《もろ》さを炙《あぶ》り出すことにしたのだ。


構想から10年、いよいよ執筆をスタートさせた。

しかし、書き始めてもまだ北朝鮮側の語り手であるコマンドのキャラクターを最後まで表現しきれるかどうか不安があった。

福岡ドームに北朝鮮の特殊部隊が潜入する場面がある。プロ野球を観戦中の日本人が、何が起こったのか理解できず、まったく無抵抗のまま簡単に制圧されてしまうという印象的なシーンだ。

双方の軍事力に関する膨大な資料や専門家への聞き取り調査から、福岡の守りの弱点を突き止め、北朝鮮がどのように攻めてくるかを想像する。それに対して、日本政府の危機管理官や自衛隊はどのように防衛するのだろうか。村上龍さんがアタマのなかで無限にシミュレーションした成果が作品に反映されている。

一読者である私も、その描写に唸《うな》ってしまった。自分がその場にいてソフトバンク戦を観戦していたとしても、銃を一発発砲されただけで固まってしまう姿が容易に想像できたからだ。

「あとがき」には、村上龍さんが『脱北者』という書物に刺激され、ソウルで十数人の脱北者に一人あたり3時間ほど話を聞いたと書かれている。

生まれ育った家や町や村のディテール、家族や兄弟や友人のこと、生活の詳細、学校の授業や軍隊の訓練について、村上龍さんは微に入り細に入り徹底的に聞き出した。軍事作戦のあり方や特殊部隊の能力、爆薬や爆破の知識などの調査には、取材元を明かせない専門家の協力もあったようだ。

参考文献は、北朝鮮関連だけで95冊にのぼった。住基ネット・預金封鎖・対米関係・地政学関連で21冊、国際法関連で7冊、少年兵関連で6冊、軍事・安全保障・特殊部隊・兵器・武器関連で26冊、火薬・爆破・発破《はっぱ》関連で11冊、建築設備関連で13冊、虫・爬虫類・ヤドクガエル・毒関連で14冊、医学関連で8冊、九州経済関連で4冊――。すべてを合わせると205冊の書籍が引用されている。

そのほか、リアリティのある表現をするために参考にしたのだろうか。特殊部隊やテロ対策などの映像資料が38本、北朝鮮関連では「金日成《キムイルソン》主席は我らとともに」といった音楽CDも5本参考にしたとされている。

つまり、『半島を出よ』という本を読むということは、村上龍さんがそれに傾けた人生を読むことにもつながるのだ。とりわけ構想から10年の思索と、200冊を超える書籍や資料、大量のインタビュー取材という投資を行なって考え抜いた物語を「共有すること」なのである。しかもそれを、エンターテインメント作品として楽しむことができる。

もちろん、物語なので誇張や演出はあるだろう。私たちを楽しませるために、過剰に表現されている場面もあると思う。しかし、この壮大な思考実験を自らのものとして楽しめることは、読者自身の脳を刺激し、思考回路を拡張することになるはずだ。

作品は作家の「脳のかけら」である。

その脳のかけらを、読者は本を読むことで自分の脳につなげることができるのだ。「脳のかけら」という表現に違和感があれば、「アプリ」と言い換えてもいいし、ワンセットの「回路」であると呼んでもいい。

この作品の場合には、村上龍さんの脳を通じて編集された「日本の脆さ」が、読者の世界観を広げてくれる。

他人の脳のかけらをつなげることで、脳は拡張する

私の脳を、仮に「藤原脳」と呼ぶことにしよう。脳内でレゴブロックを自在に組み上げるためには、藤原脳を拡張させなければならない。

そのためには、さまざまな学びが必要だ。

しかし、一人の人生で、自分が見て経験できることには限界がある。だから、他人が獲得した脳のかけらを藤原脳にたくさんくっつけることができれば、もっと拡張することが可能となる。まったく異なる脳のかけらをくっつけることで、自分の持っている脳では受容できなかったものが受容できるようになるからだ。

だとすると、普段から藤原脳を他人の脳のかけらがくっつきやすい状態にしておく必要がありそうだ。そのためには、どうすればいいのだろう。

私は、藤原脳に無数のフックのようなものをつくることで、外部から入ってくる他人の脳のかけらが引っかかりやすくなると考えている。フックとは、引っかけるための突起状のものだ。

そのフックのようなものは、読書をすることによってもつくり出される。つまり、本を読むことは、それを書いた人がその場にいなくても、その人の脳のかけらとつながるための道具になるということ。

たとえば、脳科学者の茂木健一郎さんが書いた本を読めば、茂木健一郎さんの脳のかけらが藤原脳にくっついてくる。作家の林真理子さんが書いた本を読めば、林真理子さんの脳のかけらもくっついてくる。

脳にくっつくといっても、きれいな格好でつながるわけではない。あくまでもイメージだが、脳に整然と無数の穴が空いていて、そこに他人の脳のかけらというボール状のものがスッポリはまるというわけではないだろう。ある場所には、脳のかけらが突き刺さるようにくっついている。また、ある場所には、脳のかけらが何かに引っかかってブラブラ揺れているかもしれない。

同じ体験をしても、そこから学ぶことができる人と学ぶことができない人が出てくるのは、このフックのようなものの数や、フックそのものの構造に違いがあるからだろう。それは、よい人との出会いがあったのにそれに気づかない人や、よい体験をしているのにそれを吸収できない人がいることからもわかる。

このフックのようなものは、生物学の言葉では「受容体」と表現される。受容体が複雑な構造であるほど、さまざまな種類の脳のかけらを引っかけることができるのだ。

日常生活のいろいろな場面を思い出していただければわかるはずだ。凸よりも凹、丸よりも三角、ツルツルよりもザラザラ、1本よりも2本、一方向よりも多方向。シンプルな形よりも、いびつな形のほうがいい。そうなるようにある程度鍛えておかないと、他人の脳のかけらと自分の脳をつなげにくくなる。

そもそも、たとえば茂木健一郎さんが発した脳のかけらの形と、林真理子さんが発した脳のかけらの形は、おそらく同じではない。シンプルな形のフックでは、ある人の脳のかけらはつかまえられても、別の人の脳のかけらはつかまえられないということが起こる。

あるいは、茂木健一郎さんや林真理子さんの本を読んで、彼らの脳のかけらがいきなりくっつけられるとは限らない。知識レベルや経験の質が違うので、無条件に自分の脳にくっつくわけではないからだ。かろうじて受容体に引っかかったとしても、何かの拍子に簡単に落ちてしまう。同じ時期に同じ作家の本を読んでも、読者によって受け止め方が異なるのはこのせいだ。だれかが「メッチャ面白い！」と思った本でも、

「なんじゃこれ、つまんねえ」と感じる人もいる。

受容体を複雑な構造にするための近道は、いろいろな著者の本を読むこと。そうすれば、さまざまな脳のかけらが蓄積され、受容体の形が多様化してくっつきやすくなるはずだ。

たとえば、「脳」の研究の本を読む場合、茂木健一郎さんの本を読んで、いきなり茂木さんの脳のかけらはくっつかないかもしれない。しかし、東京大学大学院教授の池谷裕二さんの『海馬―脳は疲れない』（糸井重里との共著・新潮社）などの本を読んでから茂木さんの本を読むことで、茂木さんの脳のかけらがすんなりくっつくこともある。人によっては、その逆もありうる。

それが読書によってさまざまな種類の受容体を獲得した結果であり、さまざまな脳のかけらを蓄積した成果なのである。

脳の受容体を活性化させる「本の読み方」

ただ、受容体を複雑な構造にするだけでは限界がある。そこに神経が通っていなけ

読書をすると、
著書の脳のかけらとつながる

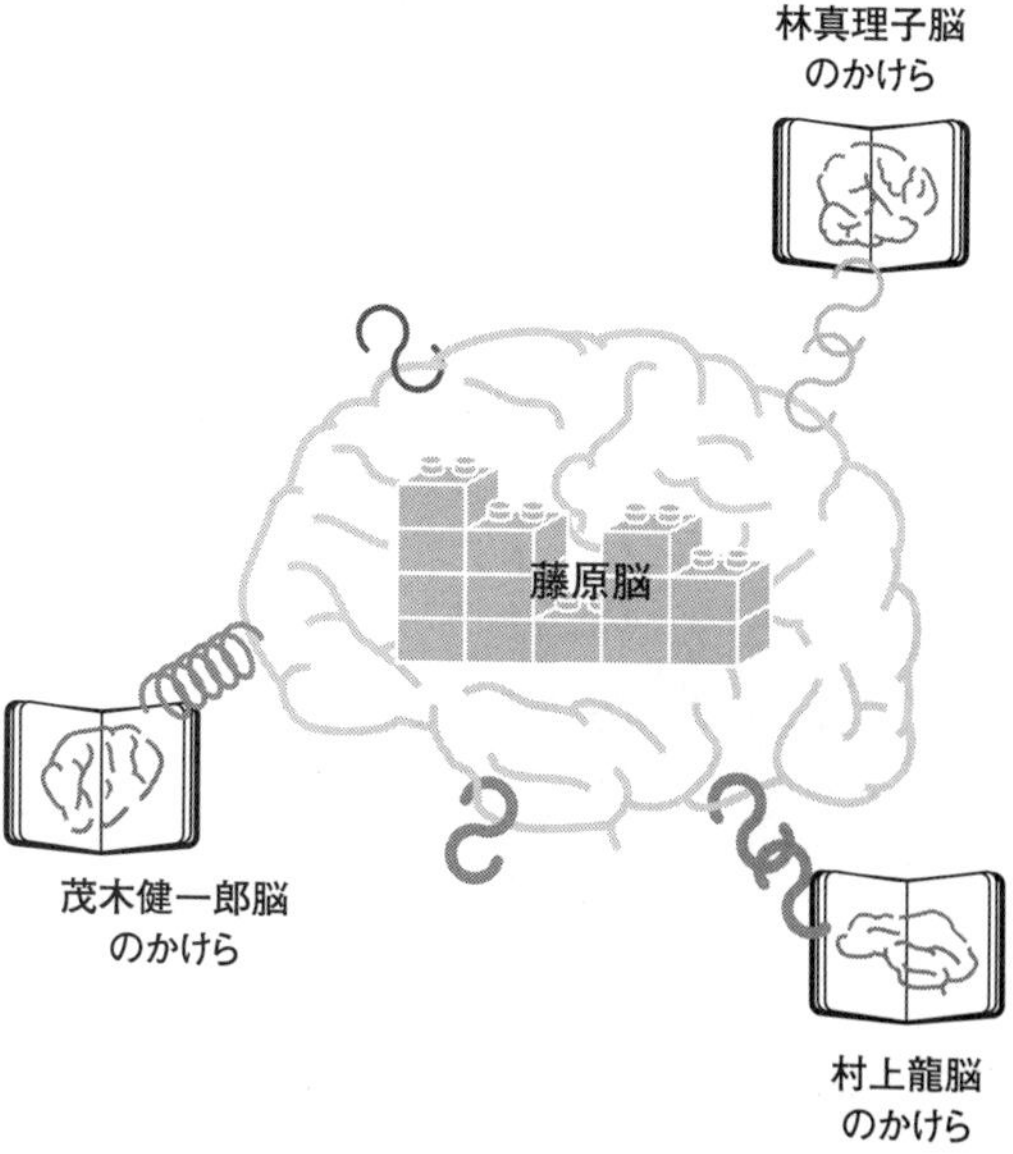

れば、より多くの脳のかけらを取り込むことはできないからだ。実際、脳ではシナプスという神経物質が発達することで機能が強化され、使わない部分は「アポトーシス（細胞死）」という形で死滅していく。

アポトーシスされないためには、読書量を積み重ねて受容体を活性化させる必要があるのだ。

ただし、自分の得意分野や興味のあるものだけに偏ってしまうと、新しい分野との出合いがない。たとえば「私は文系だから、ＤＮＡや遺伝子のことは興味がない」「私には難しくて、宇宙のことには関心が向かない」「純文学が好きだから、それしか読みたくない」などと言って得意分野以外を遠ざけていると、そこに有益な脳のかけらがあったとしても、自分の脳にくっつかない。

むしろ、自分の不得手な分野、目からウロコが落ちるような内容、あるいはこれまではまったく興味が湧かなかったことに目を向けるべきだ。意図的に「異質な回路」をつくり出すことが、受容体の形状や質を多様化させる。

簡単にいえば「乱読」ということになる。

思いがけない発見や奇跡的な遭遇を意味する「セレンディピティ」を誘発するためである。

最初に完全に理解する必要なんてないのだ。表層をなぞるだけでもいい。広く浅くフックを出しておけば、いつどこで何が何と結びつくかわからない。広く浅くだったとしても、何かと結びつくことで、のちに深く入り込むこともある。

どのような分野にもいえることだが、ある段階までは一定のトレーニングを積まなければレベルアップしない。読書も例外ではない。

このことについて、2014年に公開された、リュック・ベッソン監督の『ルーシー』という作品から示唆を受けた。コピーにはこう書かれていた。

「人類の脳は、10%しか機能していない」

大まかなあらすじはこうだ。主人公のルーシーがマフィアの闇取引に巻き込まれ、ドラッグの運び屋に仕立て上げられる。ドラッグが入った袋を体内に埋め込まれるが、その袋が破けてしまい、体内で吸収されるというアクシデントに見舞われる。

しかし、その薬物を吸収したことがきっかけとなり、ルーシーの脳が活性化し、想像もできないような能力を獲得していく。10パーセントしか機能していなかった脳が

100パーセント機能したとき、ルーシーは、人間はどうなってしまうのか——。

作品では、ルーシーが突然、中国語を話し始めるシーンが描写される。周囲は「いつから習っているの?」と問うが、ルーシーはこう言う。「いや、いま、急に話せるようになった」と。

これを観て、私はすごく本質的なことを描写しているのだと思った。というのも、人間の脳のなかには、人類のすべての記憶が詰まっているのではないかと以前から考えていたからだ。人間は十数代さかのぼると、ほとんどの人が同じ根っこにたどりつく。そのときの記憶が、そう簡単に失われるとは思えない。

実際、世界を見渡せば、前世のことを語り始める子どもたちの現象がある。習ったこともないのに、突然未知の言語を話し始める人がいる。これをオカルトだと一笑に付してしまうことは簡単だが、どうもそれだけではないような気がしてならない。

作品では、ルーシーは宇宙の誕生までさかのぼってすべての記憶を思い出していく。ラストシーンでは、脳が100パーセント活性化したときの描写で幕を閉じる。ネタバレになってしまうが、あえて書かせていただく。

脳が100パーセント活性化したルーシーは、姿を消してしまう。完全に脳を活性化させた結果、世界そのものになってしまうという哲学的なラストシーンだった。

現実問題として、人間の脳が100パーセント活性化することは不可能だろう。しかし、読書をはじめとするあらゆる体験を積むことで、少なくとも昨日より今日、今日より明日と脳が活性化していくことは間違いない。そのとき、いま見えている風景とは違う世界が見えてくるのではないだろうか。

他人の脳のかけらとつながるということは、そういうことなのだ。

本を読むことは、「みかた」を増やすこと

本を読んで、他人の脳のかけらとつながるというのは、言い換えれば、「みかた」を増やすことだ。みかたには2つの意味がある。

1つは「見方」を広げ、増やすこと。

本を読むことは、著者が獲得した知恵を、読者の脳につなげる行為である。自分の脳を他者の「脳のかけら」とつなげることで、自分の脳が拡張される。世界を見るための視点や知恵を獲得することで、読者は世界の見方を広げ、多面的かつ複眼的に思考できるようになる。

自身の世界観（見方）を広げることで、玉石混交《ぎょくせきこんこう》の情報にだまされにくくなり、ある決断をするための選択肢が増えることになる。何よりもリスクを分散することができるため、本を読めば読むほど自分の身を守ることにもつながる。

もう1つは「味方」を増やすことである。

たくさんの著者の脳のかけらを自分の脳につなげることで見方が拡張されると、さまざまな脳（人）との交流が可能となる。

そうすることで、他者と世界観を共有することにつながる。そして、共通点がいくつも発見され、脳のなかに共有のドメイン（領域）を築けた相手が、結果的に自分の味方になってくれることにつながるのだ。

それはやがて他者との間の共感や信頼に発展し、あなたが周囲から得られる「信任（信頼と共感を掛け算したもの）」の総量（クレジット）を増やしてくれる。そこからさらに新たな脳のかけらとのつながりが生まれ、アメーバ状に「味方」が広がっていくだろう。

結果的に、本を読む人と読まない人の間には、大きな差が生まれ、しかもその差は指数関数的に広がってくる。他人の脳のかけらをたくさんつないで世の中の「見方」を広げている人と、そうでない人の差だ。

他人の脳のかけらをたくさんつないで世の中に「味方」を増やすことで、夢を実現するときに他者から共感や信頼を得られる人とそうでない人の差だ。

周囲から信頼や共感が得られれば、大人として「信任」されたことになる。この信任の総量のことを、私は「クレジット」と呼んでいる。

クレジットが高まると自由度が上がり、クレジットが低くなると自由度は下がる。結果的に、クレジットが高まるとあらゆる夢が実現しやすくなる。自分を取り巻く他人や組織や世の中全体からの信頼や共感が厚くなるからだ。そうすれば、多くのチャンスが巡ってくるし、夢を実現させるためのサポートも得られるだろう。

読書で、著者の脳をつなげて未来を予測する

読書は、著者の脳のかけらをつなぐ行為だという話をした。自分の脳に取り込まれた他者の脳のかけらが増殖して、それが互いにつながり始める。そこから、新たな考えや意見が形成される。その副産物として、未来を予測することもできる。

たとえば、アマゾン創業者ジェフ・ベゾスについて書かれた『ジェフ・ベゾス 果てなき野望』（ブラッド・ストーン著／日経BP社）と、グーグルの未来に言及した『第五の権力 Googleには見えている未来』（エリック・シュミット、ジャレッド・コーエン著／ダイヤモンド社）の2冊を読むことで、1つの未来の姿を思い浮かべることが可能だ。

ここでは、かつて私が雑誌に連載した書評をもとに、著者と脳をつなげることで、どのような未来が考えられるのかという思考実験をしてみたい。

『ジェフ・ベゾス 果てなき野望』

（ブラッド・ストーン著／井口耕二訳／日経BP社）


読者のうちのだれが、アマゾンが2000年、日本に入って来たとき、「これは単なる書籍のネット販売業者などではなく、やがて支配的な流通網になるだろう」と予言できただろうか。

私自身、電動歯ブラシの換えブラシから、iPhoneにセットする折りたたみキーボードまで、このマーケットで買うことが多くなってきた。

ジェフ・ベゾスという男は、はじめからウォルマートを超える会社をイメージしていたようだ。少なくとも2000億ドル（20兆円）規模のビジネスのイメージを持ちながら、やれるところからやってきた。

ウォルマートは現在、連結で45兆円を超える売上額世界一の会社だが、アマゾンは創業から20年しないで6兆円を超えている（日本国内では2012年、年商7300億円と発表されたが、実際の取引額は1兆円を超えるともいわれている）。12年度の成長率（20％超）からすれば、3年で10兆円、東京オリンピックイヤーの2020年までに20兆円を超える可能性だってあるかもしれない。

この本を読むと、その底知れぬ起業家精神と超のつくほどスピーディな試行錯誤のビジネス作法が学べる。『スティーブ・ジョブズⅠ・Ⅱ』（講談社）とともに、ビジネスパーソン必読の伝記であり、一級のドキュメンタリーだ。500ページあるから読むのに時間はかかるが、「ビジネスにおいて、いったい何が大事なのか」「付加価値とは何か」「会社において人間がするべきことは何なのか」というマネジメントの本質を学ぶ教科書になるだろう。

とくに「顧客の体験」を絶対視することにかけては宗教的ともいえるベゾスの判断の過程をじっくり楽しんでいただきたい。

アマゾンの玩具商戦では、こんな裏話も。

「案の定、感謝祭が終わると人気のおもちゃは在庫が足りなくなっていた。（中略）皆で手分けしてコストコやトイザらスの店舗を回り、当時大人気だったポケモンや犬のおもちゃを買い占めたという。オープンしたばかりのトイザらス・ドット・コムのウェブサイトでもポケモン製品を買い占め、ライバルの配送無料キャンペーンを活用し、（中略）倉庫に送ってもらったりもした」

ベゾスは本質を見抜くと同時に先見性もあったが、音楽分野については、見誤った。

「アップルが音楽事業に君臨し、タワー・レコードやヴァージン・メガストアーズなどの大手チェーンをゴミ箱行きにする。（中略）ベゾスは、当初、ｉＴｕｎｅｓを軽く見ていた」

彼の予想を超えるスピードで普及したiPodが市場を席巻し、ＣＤ市場を内側から食い荒らすことになるとは予想していなかった。

が、その失敗が「キンドル」誕生に結びつく。

２０１３年には「ワシントン・ポスト」紙を手中に収め、新聞界の老舗を生き返らせたいと意気込んでもいるようだ。

ただし、ベゾスのビジョンの追求が「野望」という言葉で総括されていいのかどうかは、正直迷う。はたして、野望なのだろうか？
私には、「顧客体験」を絶対視する、真摯で冷徹で、しかも秒単位の試行錯誤の連続、つまり、極めてまともで正直な経営だと思えるからだ。

『第五の権力　Ｇｏｏｇｌｅには見えている未来』

（エリック・シュミット、ジャレッド・コーエン著／櫻井祐子訳／ダイヤモンド社）

原題は『THE NEW DIGITAL AGE Reshaping The Future of People, Nations and Business』。

現在、世界中でケータイの所有人口は20億人だが、あと10年で50億人がスマホでつながることになる。そうした地球上の人間がつながる世界では、個人は、社会は、国家は、戦争やテロは、どんな姿になるかをはっきりと予言している。
たとえば、個人は人生の半分をネット内で過ごすようになるだろうから（メールしたり、SNSのコミュニティで交流したり、本や商品を購入したり、旅の予約をしたり、カード決済したり）、本人にその自覚があるないにかかわらず、その記録を膨大に残しながら生きることになる。成人するまでのネット内でのヤンチャや粗暴な発言、あるいはスケベサイトの視聴状況までが記録に残る。すると、こんな仮説が成立すると著者は述べる。

「デジタル新世代がすっかり大人になり、彼らの青春時代の無責任な言動が逐一デジタルに記録されて残るような事態となれば、『仮想世界での未成年者に関する記録を封印する』という大義を掲げる政治家が、必ず現れる」

著者は、世界中の動きも注視する。

インドで進むかもしれないバイオメトリックデータベースによる固有識別番号（UID）計画。現在、所得を申告して所得税を支払っている人は、人口の3％にも満たないことから、国民一人一人を掌握しようとするものだ。指紋と虹彩《こうさい》認証をふくむ12桁の固有番号を持つIDカードを12億の国民に発行しようとしているという。

中国では、アストロターフィング（草の根活動）といわれる手法で、30万人のオンラインコメンテータ（書き込み屋）が政府のコントロール下で世論を形成。いっぽう、都合の悪い書き込みは消されて、世界にはなかったものとされている。

サイバー攻撃はいまや、陸、海、空、宇宙に次ぐ第五の戦場となっていて、「Cold War（冷戦）」が「Code War」と呼ばれるまでに至っている。

曰く、「国家は、現実世界の内外政策だけを考えていればよかった時代を、懐かしむようになるだろう」と。

戦争がロボット同士で行なわれるようになる映画のような未来ももう現実になり始めていて、狙撃目的の武装ロボットは２００７年から実戦配備されているとか、米軍の軍用機の31パーセントが無人機だとか、目からウロコの情報も描かれている。ルンバのアイロボット社も、「パックボット」という戦車のようなタイヤでカメラを積んだ軍事用ロボットを供給しているなんて、知らなかった。

私自身は過去に書籍にも書いたが、数年前から次のように考えていた。もともとケータイは「通信クン」というロボットで、自動車は「移動クン」、洗濯機は「洗濯クン」、冷蔵庫は「冷蔵クン」、掃除機は「清掃クン」というロボットにすでになっているではないか、と。でも、もう「戦争クン」の開発も真っ盛りだったのだ。

世界中で、紛争後の武装解除が行なわれ民主化が実行される局面で、「銃をとりあげスマートフォンを渡せ」が社会復帰計画の要になっている現実。グーグルという会社はもはや米国の世界戦略の先兵もしくは米国的民主主義の代理人なのだと痛感するとともに、日本にこれだけのビジョンを持った経営者がいるのだろうかと考えてしまった。

構想している世界のスケールの、そもそも桁が違うのではないだろうか。

引用が少し長くなってしまったが、ここで私の感想や評価を押しつけるつもりはない。

重要なのは、この2冊の本を読むことによって、読んだ人の脳内にアマゾンとグーグルという世界をリードする企業について考える脳のかけらが形成されるということだ。そこで浮かぶのは、両社がつくり上げていくであろう未来だ。

アマゾンを利用している人であればご承知だろうが、レコメンド機能や検索連動型広告機能など、自動マーケティング機能が日進月歩の進化を遂げている。

いっぽう、グーグルが人間の脳を超える人工知能を開発しているのは周知の事実だ。グーグルが極秘裏に進める「グーグルX」というプロジェクトにおいて、世界中の人工知能開発会社を次々に買収していることからもそれはうかがえる。

この2つの事象から導き出される未来について、あなたならどう考えるだろうか。

私だったら、人工知能が人間の知能を超える未来を思い浮かべる。この動きは、アメリカの未来学者レイ・カーツワイルがシンギュラリティー（技術的特異点）として紹介していて、NHKの特番にもなった。そんな時代になったとき、人間に何ができるのか。そんなことを想像すると、さらに関連書籍を読んでみたくなる。

正解はない。未来はだれにもわからない。

ともあれ、かつてパソコンの父、アラン・ケイが「未来を予測するのに一番いい方法は、自分でやり始めることだ」と言ったように、あなたも、何かやり始めたくなってきたのではないだろうか。

ツールとしての読書1

読み聞かせは、親と子の絆を深める

幼少期に「読み聞かせ」をしたほうがいいというのは、教育、脳科学などさまざまな観点からいわれているが、私の実体験からも、実践する意義を感じている。

いまでも覚えているのは、母が私を寝かしつけるときに児童文学全集に入っていた『小公子』を読んでくれたことである。私がひとりっ子だったからできたということもあるだろうが、幼稚園に入る前から小学校の低学年まで、母はずっと読み聞かせをしてくれた。

細かいストーリーは覚えていない。それをきっかけに、おかげさまで小学生、中学生、高校生と読書をする人になりました、というような美しい話にもならない。どちらかというと、読み聞かせは母親の音として覚えているに過ぎない。

ただし、幼児期に読み聞かせをやることに一定の効果があるのは疑いの余地がない。とくに幼児から小学校3年生くらいまでには、これ以上の道徳教育はないと思う。

私は「波動が入る」という言い方をしているが、本を通して母と子のコミュニケーションを深め、絆を強いものにするという視点に立てば、大きな意味があるからだ。

事実、珍しく父親が早く帰って来たときに、母の代わりに読んでくれてもちっともうれしくなかった。それは、やはり音波が違うからなのだと思う。寝入るときだから、いつもの慣れた波動で聞きたいという心理が働く。

そうした波動を刻み込むことは、人格の形成過程のひとつだから、悔しかったら父親も多くの時間を割くしかないだろう。

第3章　読書は私の人生にこんなふうに役立った

名作が読書嫌いを生む!?

私は、本を読まない子どもだった。

そのきっかけとなった出来事は、小学校高学年か中学校の課題図書だったと思う。ヘルマン・ヘッセの『車輪の下』とルナールの『にんじん』がそれだ。しかし、どこがどう面白いのかさっぱりわからなかった。なんでこんな暗い話を読まなきゃならないのか、心底頭にきた。

私はいまでもこの2冊を面白いと思っていない。むしろこの2冊をはじめに読んだことで、10代から20代の読書習慣を失ったとさえ思う。


このことは、あまりにも恥ずかしいこととして長く人に言えなかった。まがりなりにも課題図書に指定されるほどの「名作」である。ただ私の読解力がなかっただけかもしれないからだ。しかし、意を決してある人に話したとき、その思いは氷解した。

その人は、赤木かん子さんという。

児童文学評論家で、故・吉本隆明氏と張り合って議論もできたほどの読書家である。

赤木さんには和田中学校の図書室を改造するときに監督としてお世話になるのだが、初日の打ち合せのあと飲みに行って、その話を打ち明けた。赤木さんから発せられたのは、こんな言葉だった。

「そりゃそうよね。あれ、面白くないもん」

実際、私が息子に本を読ませた経験からもそう思った。息子が読みたがっている本を退けて、私が感銘を受けたものを無理やり読ませようとしたこともあった。親がことさら読ませたいのは、「教訓もの」や「世界の名作もの」だ。だが、その期待とは裏腹にあっけなく敗退してしまったりする。

そんな経験からわかったのは、子どもが面白いと思うポイントは、本の世界に自分自身を投影できるかどうかなのだ。だから、名作がすべて悪ではないのだが、私が出合った2冊の名作については、その世界に私は入り込めなかった。

名作には申し訳ないが、児童期に名作ばかりに触れさせても、必ずしも読書の習慣が身につくとは限らない。場合によっては、私のように、読書を毛嫌いする子どもを生み出す結果にもなる。

最初の印象がその後の道筋を決めてしまうことは、人生では往々にしてある。残念ながら、そうして私は、最初の入り口でつまずいた。

大学時代、格好いい先輩の本棚で出合った、人生を変える1冊

小学生から高校生まで、まったく本を読まない子どもとして成長した。そのため、大学入試の現代国語はかなり苦労した。大学生になっても、相変わらず本を読まなかった。

最初に本を連続して読んだ経験は、大学3年のときだ。ある先輩に感化されて、貪《むさぼ》るように読んだ本があった。

経営学科のゼミの先輩に、あるコンサルタント会社に雇われ、ヤマハの経営指導の仕事に関わっている人物がいたのだ。

大学生といえばポロシャツにコットンパンツか、ジーンズにTシャツという格好が相場で、教科書はリュックか肩掛けかばんに入れて登校するのが主流だった。そんななか、彼はピンストライプ柄のダブルスーツを着込み、手にはアタッシェケースを抱えて颯爽《さつそう》とゼミの教室にやって来る。とにかく格好いい。私はその姿に単純に憧れた。

ある日、その先輩が住んでいる元麻布のワンルームマンションに遊びに来ないかと誘われ、嬉々《きき》としてうかがった。

彼は、後輩である暁星中学校の生徒のフランス語の家庭教師をしていた。私が少し早く着き過ぎたため、まだそのレッスンが終わっていなかった。

「ちょっと待ってて」

そう言われたものの、やることがなく手持ちぶさただった。見渡すと、洗練されたお洒落なソファがある。何となくそこに座ってみると、横に本棚が置かれていることに気づいた。

本を読む習慣がなかったから、並んでいる本に興味があったわけではない。ただ、学生にもかかわらず、大企業のコンサルタントのような格好よさを身につけるにはどうすればいいのだろう、というミーハーな興味が湧いた。

「この先輩は、どんな本を読んでいるのだろう?」

目に留まったのは、ビジネス書の数々だった。

それらを引っ張り出して、題名をメモしていった。その先輩に対する憧れがそうさせたのだと思う。いまでも覚えているのは、次の3冊だ。

『ピーターの法則』（L・J・ピーター、R・ハル著／ダイヤモンド社）
『パワー！　企業のなかの権力』（マイケル・コーダ著／徳間書店）
『I'm OK, You're OK　幸福になる関係、壊れてゆく関係』（トーマス・A・ハリス著／同文書院〈絶版〉）

ビジネス書との出合いは、衝撃的だった。大学の経営学科の授業からは味わうことができなかったビジネスの現場で起こる出来事がリアルに描かれていた。目からウロコだった。

いずれも、どのような内容かそらで言えるほど読み込んだ。とくに『ピーターの法則』については、私のビジネスパーソンとしての20代から30代に強い影響を及ぼし続けた本である。

その趣旨をひと言でいうと「昇進をうれしがっていると、あなたはどんどん無能になっていくよ」という警告である。これくらいやれば昇進する、という論理だけで上に登って行くとダメになる。本書の言葉でいえば、「創造的無能」を演出しなければ、偉くなればなるほどどんどん仕事ができない人になり、自分自身から遠い空虚な存在になってしまう。これが組織と仕事のパラドックスの正体である。

私自身のデビュー作『処生術』で提唱した、組織にいながら自営業の感覚で仕事をする「企業内個人」「組織内個人」という考え方のベースにもなっている。

その後、ビジネスパーソンとしての私の半生を規定した本だと言ってもいいかもしれない。


あまりにも共感したため、この『ピーターの法則』については、リクルート社のフェローになってからも、さまざまな場面で引用したり、紹介したりした。その結果、当時絶版になっていたこの本を、ダイヤモンド社が復刻するというオチまでついた。

いま、あらためて読むと、書きっぷりは少々古くさい感じは否めない。だが、書かれていること自体は依然として通用すると思う。


そんな人生を変える1冊との出合いは、私を「早くビジネスの世界でやってみたい」という気持ちに駆り立てた。実際、当時、就職活動が本格的に始まる大学4年まで待てず、3年生の秋に会社訪問することに。

結局、早くビジネスをしてみたいというニーズに応えて、名刺を持たせ、スーツ姿でアルバイトをさせてくれたリクルートで、卒業後の仕事人生をスタートすることになる。

「純文学、読んでる?」

とはいえ、先輩の本棚にあった本に刺激されたことで、継続的に本を読むようになったわけではない。

入社したリクルートでは営業をやっていたので、必要に応じて仕事の資料として読むことはあった。しかし、1冊を20分~30分ぐらいでナナメ読みして、キーワードになりそうな部分だけを覚え、さも熟読したようなフリをしていただけだ。

必要に迫られて読むことはあっても、教養を身につけるために読むとか、人生を豊かにするために読むといった姿勢ではなかった。

30歳のとき、仕事の関係で、ある編集プロダクションの社長と銀座で飲んだ。すると突然、その社長がこんなことを口走ったのだ。

「ところで藤原くん、純文学、読んでる?」

いま、正直に告白すれば、純文学という言葉の意味すらわからなかった。文学作品であろうことはわかったが、どのようなジャンルを指すのかさっぱりわからない。本を読む習慣がなく、受験勉強のために文学史だけを勉強した若者から見れば、文学といえばヘルマン・ヘッセか、夏目漱石か、太宰治になってしまう。

直感的にごまかさなければと思った。私は、どういう作品のことを言うんですかと聞く代わりに、だれの作品ですか、と尋ね返した。

「そうだなあ、いまだったら、宮本輝とか連城三紀彦とかかなあ」

作家の名前は聞いたことがあるような気もしたが、もちろん読んだことはない。言い訳にもならない言葉を吐きながら、笑ってごまかした。

「いやあ、営業ですからねえ、お客さんの資料や企画書をつくるために参考になるビジネス書を読むのがやっとで、なかなかそこまで手が回らないんですよ」

社長は真顔になって、キツイひと言を発した。

「純文学を読まないと、人間として成長しないよ」

読んでいないうしろめたさを棚に上げ、その決めつけるような物言いにムッとした。しかし「人間として成長しない」などと言われると、座り心地が悪い。その社長が非常に面白い人だったこともあって、翌日すぐに銀座の旭屋書店に飛び込んだ。書棚から宮本輝さんの『青が散る』（文藝春秋）と連城三紀彦さんの『恋文』（新潮社）を無造作に手に取り、さっそく読み始めた。

なんということはない、無条件に面白かった。純文学とはなんたるものかというようなことは気にせず、エンターテインメントとしてのめり込んだ。それまで、「現代社会に結びつけた小説」があるということを知らなかったのだ。

それがきっかけで宮本輝さんと連城三紀彦さんの作品に魅了され、書店の棚に並ぶすべての作品を読んでいくことになる。純文学は、現代社会を生きる人間の心模様を活写していた。どんなに遅くなって眠くても、接待で飲み過ぎて酔っぱらっていても、帰りの電車のなかでは作品を読みふけった。

それ以来、一人の作家の本を集中して読み切るという読書が始まった。そうしていくと、その作家と脳を共有しているような気にもなる。小説であっても、主人公を通した人生や社会の見方に、クセがあるような感じがしてくるのだ。

図書館に行って、限度いっぱいに借りられるだけ借りてくる。それを机の上に積んでおいて、片っ端から読んでいく。宮本輝さんと連城三紀彦さんに続いて、その後、重松清さんや藤沢周さん、島田雅彦さん、宮部みゆきさんの作品を渡り歩いた。渋いところでは、高橋和巳さんだ。彼の『邪宗門』（河出書房新社）などは、宗教の話を通して醜い部分もふくめ人間の本質をこれでもかとえぐり出している。表現にまだるっこしさを感じながらも、重厚な作品を読めるようになったということは、私にそれなりの蓄積が少しずつ増えてきたということだったのかもしれない。

当時は、無我夢中で次から次へと手にしていたが、いまならわかる。私は、これらの作品を通じて現代社会の空気のようなものを感じていたのだ。いや、実際にその空気を感じていたとしても、言葉にできないいらだちがあったのだと思う。それが言葉で表現されていることへの素直なリスペクトだ。どの作品も、現代社会に生きる個人が抱えている悩みや不条理のようなものをすくい取っていたからだろう。

作家を選ぶ基準に、ほとんどこだわりはなかった。

自分の直感で選んだり、雑誌や新聞の書評に載ったものも手に取った。その前後に、伝説の編集者・松岡正剛さんとの出会いもあった。頭のなかに何万冊もの本が入っている松岡さんとの話に出てくる作家たちを覚えておき、すかさず買って読むという繰り返しだった。ただし、本を読む習慣がつき始めたばかりだったので、深く読めていたかどうかは自信がない。

病気がくれた、本と向き合う時間

純文学の作品に目覚めたころ、私はリクルートの情報ネットワーク部という部署の指揮をとっていた。あるとき、私が幹事になって部の打ち上げをやった。

全員に水着を持って来させ、夕方から東京プリンスホテルのプールに集合する。ビールの大ジョッキを片手にプールサイドで騒ぎ、時折プールに飛び込んで泳ぐ。ひとしきり楽しんでからタクシーに分乗し、渋谷にあるプール付きのファッションホテルを借り切って、出前の寿司をとってパーティーをやった。

そんな無茶な飲み会をした翌日、家のベッドで寝がえりを打ったら、天井が回った。二日酔いは何度も経験していたので、そんなレベルではないことはすぐにわかった。気分が悪くトイレに入って座り込み、立ち上がった瞬間に、またドアが回転した。

「天罰が下ったか」

ついに脳にきたと思った。立ち上がったり、ふと頭を振ったりした瞬間に、自分の目で見ている画像が回転する。人間は見ている画像に対して姿勢を制御する習性があるので、次の瞬間に転んでいることもあった。あとで聞いたら、もっと症状がひどくなると、道路が曲がって見えたり、高層ビルが襲ってきたりするような幻覚まであるらしい。

すぐに病院に行った。しかし、検査をしても原因がわからない。

「お疲れなのではないですか。ビタミン剤を出しておきましょう」

そんな診断しかされなかった。でも、人間は病名がはっきりしないと不安なものだ。1週間ほど何軒かの病院に行って、同じようなことを繰り返した。

「それ、耳鼻科なんじゃないかな」

ある人のアドバイスで耳鼻科に行くと、「ああ、目まいですね。じゃあ、毎日通ってください。注射打ちますから」と即対応してくれた。三半規管あたりを麻痺させる注射らしい。それで、目まいはなくなった。メニエール病という難病であった。

結局、以後5年ほど後遺症に悩まされ、その後ヨーロッパに渡ってストレスフリーになってやっと治るのだが、メニエール病になってから、接待に行っても私だけ途中で帰ることが多くなった。あまり長い時間接待していると、めまいが始まってしまうからだ。だから、夜の9時か10時には家に帰るようになった。

前後して、あのリクルート事件が起こり、接待ゴルフ禁止令が出たから、それを期にゴルフそのものをやめることにした。サラリーマンが接待もゴルフもしなければ、けっこう時間ができる。

本を読む時間が、自分の病気と会社の事件によって創出されたのである。メニエール病になっていなければ、日々の激務と引き換えに出世街道を驀進《ばくしん》し続けたと思うのだが、病気になって、まったく違う人生を生きることになった。

仕事に没頭していた時期はそれなりに充実していたが、そこにはない、本を読む時間を楽しむ人生があることをようやく知ることになる。

「自分の意見をつくり上げる」ための読書

きっかけはともかく、読書をする時間をたっぷりととれるようになったことで、私のなかに大きく変化するものがあった。「自分の意見をつくり上げるための読書」という視点だ。

メニエール病になる前の私は、人より営業実績をあげていたこともあって、相当にわがままだった。営業に関して自分がこうすべきだと思ったことは、お客さんにも強く言えた。数億円という高額なプロジェクトであっても、私の提案は必ず通せると思っていたし、現に通ることが多かった。

それでも、営業マンとして有能だということと、社会に対する自分の意見を持つということは別次元の話だ。たとえば、次のような2つの意見の重みがまったく違うということは容易にわかる。

「このケースでは、自分はこうしたいのです」

「社会全体の流れのなかで見れば、こうしたほうがいいのではありませんか」

じつは私は、後者のような意見表明をすることに強いコンプレックスを持っていた。コンプレックスの原因が当時はわからなかったが、いまなら、教養がなかったのだと正直に言える。

リクルートには、倉田学さんという同僚がいた。『フロム・エー』『エイビーロード』『じゃらん』『ケイコとマナブ』『あるじゃん』など、リクルートの柱となる情報誌を立て続けに創刊させた伝説の編集長である。その倉田さんから、当時、強烈なひと言をもらった。

「俺はさあ、本を読んでいない人と付き合う気がしないんだよ」

倉田さんが会議で発する意見は、いつも世の中の流れをしっかりととらえた納得できるものだった。とくに、リクルート事件の直後に厳しい状況に立たされた会社がどのように身を振るべきか。それをどのような言葉で表現すればいいのか。そういうことを論理的に語れたのは、圧倒的に倉田さんのような編集畑の人間だった。

しかし、私にはそういう意見がない。当時の私は「クリティカル・シンキング」という言葉も知らなかったし、批判的な精神のかけらもなかったように思う。だから、編集者という人種に対して、強いコンプレックスを抱いていた。

このコンプレックスを克服するためには、見識を広げる必要があった。ただし、本を1冊読んだからといって即効性があるものではない。見識というのは、蓄積以外の何物でもない。ある一定のラインを超えない限り、自分の意見をつくり上げるほどのものにはならない。

ということは、自分を変えたければ本を読んで見識を蓄積するしかなかったのだ。

話についていくには、とにかく本を読むしかなかった

33歳のとき、リクルート出版という関連会社を潰す話が持ち上がった。リクルート出版は、就職や進学関連の書籍を地味に出していた出版社である。

当時、メディアデザインセンターの部長だった私は、自分に任せてほしいと経営陣にお願いした。当時流行りの言葉で言えば、マルチメディア型の出版社に生まれ変わらせようと考えた。そうすることで、コミックやゲームソフトなどを幅広く出版できるようにするのが狙いだ。

社名は「メディアファクトリー」と名づけ、初年度、25冊の新刊本を5つのシリーズで出すプレゼンが認められた。そのなかには、メディアファクトリーの主軸となるコミックエッセイというジャンルもふくまれていた。

のちに圧倒的な稼ぎ頭になる、けらえいこさんの『セキララ結婚生活』や『たたかうお嫁さま』である。けらさんが『あたしンち』で大ブレークを果たす2年前の話である。

もう1つのトピックは、中谷彰宏さんの起用だった。

中谷さんは、ダイヤモンド社の『面接の達人』シリーズがヒットしていたとはいえ、エッセイではまったくの新人だった。その中谷さんが書く「仕事と恋と人生のワンフレーズ・シリーズ」を、10冊同時にハードカバーで刊行するという無茶なこともやった。

とはいえ、私が経営した創業からの3年間は、結果的に大赤字だった。事業を立ち上げて軌道に乗せること自体、本当に難しいのに加えて、「出版社の経営者として、本のことを何もわかっていない素人だったなあ」と当時のやり方を思い出しては赤面する。たとえば、作家や編集者と企画の話をしても、ほとんどかみ合わなかった。話に全然ついていけないのである。

メディアファクトリーの経営に携わったのを機に、1年に100冊以上の本を読むことを自らに課したのは、作家や編集者と話を通じさせるためだった。遅咲きだったが、このころから本格的に読書の道が開けた。

それまでは敬遠していた芥川賞や直木賞の受賞作にも手を伸ばすようになった。難しそうな本やなかなか手が伸びなかった哲学的な本も、拾い読みとはいえ眺めるようにした。出版ビジネスの打ち合わせのためという、ある種、不純な動機ではあるが、なんとか1年で100冊くらい読む習慣ができた。

多読、乱読というスタイルだったが、たとえば満員電車のなかで琴線に触れるフレーズを見つけると、直接、本に線を引いておいて、あとから秘書にワープロ（当時）で打ってもらって記録するなど、本の世界から多くの蓄積を得ることができてきた。

読書が生活の一部になって現れた「人生の鳥瞰図」

じつはメディアファクトリーの経営に携わり始めたころ、自分の将来像に対する焦りのようなものもあった。

「このままだと、40代になっても自分の意見がないままになる」

「自分が追うべきテーマが見つからない」

私の場合、ビジネスなどにおいてテーマを人から与えられた場合には、それを高速で処理し、お客さんを説得し、押し切ることは得意だった。しかし、世の中との関わりを見据えたうえで、個人として自分自身の立ち位置を決めるという「人生の戦略性」については、どうも危ういと感じていた。

でも、本を読むことが生活の一部となるようになって、私のなかである変化が起きた。それは「人生の鳥瞰図」が見えるようになったことだ。

もちろん、鳥瞰図を獲得しようと思って本を読んだわけではない。結果的に、読書を重ねて他人の脳のかけらをつないでいくうちに、鳥瞰図が現れたと言ったほうが近い。

人間にはみんな、どこかに欠落している部分がある。しかし、多くの人は、その欠落している部分がいったい何であるのか、わかっていない。実社会でなんとなく生きているだけでは、なかなか気づくことはできないのだ。

どうしたらその欠落している部分に気づくことができるのか。おそらく、そのヒントは本のなかにある。

読書によって、さまざまな人物の視点を獲得していける。つまり、巨大なロールプレイをすることができる。そうしたシミュレーションを繰り返すことで、人生を鳥瞰図として見られるようになるのだと思う。

人生を地平から見ているだけでは、いま進んでいる1本の道しか見えないのに対し、鳥瞰図の視野を手に入れれば、その横に走っている別の道が見えるようにもなるだろう。

このことはベストセラーとなった拙著『坂の上の坂』（ポプラ社）に詳しく書いたが、人生の山は1つではない。たった1つの大きな山を人生の後半に向けて下っていくイメージではなく、いくつもの連山を重ねて、登ったり下ったりしながら最後まで山づくりを繰り返すべきだ。

だが、人生の後半に山並みを重ねようと思ったら、前半や中盤から、仕事で登っている主峰とは違った裾野をつくっておく必要がある。

その裾野を構築するために、25歳～55歳までの30年の間に、組織のなかで働いている主軸とは別に、左に2つ、右に2つぐらい、別々のコミュニティに自分の足場をつくっておいたほうがいい。地域社会のコミュニティでも、被災地支援のコミュニティでも、鉄ちゃんのオタクコミュニティでも、研究者のコミュニティでも、バラ好き仲間のコミュニティでも、テニスでもクラリネットでも将棋でも囲碁でもいい。

どんな人でも1万時間没頭して取り組めば、それなりに山の形ができる。山の形ができるというのは、コミュニティのなかで自分の立ち位置が確保されるという意味だ。1万時間というのは、おおむね5年～10年である。

そして、主軸となる仕事をしながら、その横に走らせるコミュニティでコミュニケーションを積み重ねていくことが大切だ。人生の後半戦に向けて、それぞれのコミュニティの山を大きくしていこうと思ったら、コミュニケーションの量を増やすことが必要になるし、山の環境（緑の多さなど）にたとえられるものをよくするためにはコミュニケーションの質を高めることが必要になる。

そのコミュニティのなかでコミュニケーションを充実させるためにも、読書の蓄積が効いてくる。

会社や役所のなかだけで単線的に生きるのではなく、いくつものコミュニティに参加して複線的に生きる視点。人生に、こうした鳥瞰図的な視点を持てないと、組織のなかでちょっとしたことで追い詰められ、視野狭窄に陥ってしまうリスクから逃れられない。

単線的な視野のなかに見えていた助け舟が急になくなったとき、世の中からすべての救いがなくなってしまったかのように錯覚したりもする。自殺するしかないという極論に至ってしまうケースだって出てくる。

いっぽう、鳥瞰図が見えるようになれば、戦略を切り替えることもできるだろうし、

読書によって、人生の「鳥瞰図」を獲得する

読書が習慣になる前

人生 ＝ 仕事

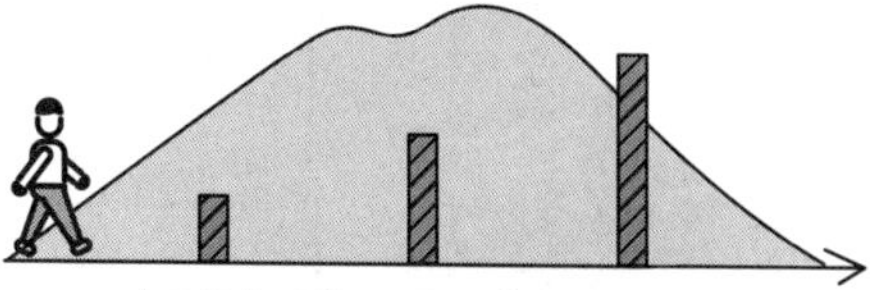

1本の仕事の道しか見えず、逃げ場はなく、
壁をひたすら越え続けるしかない

読書の習慣がついてから

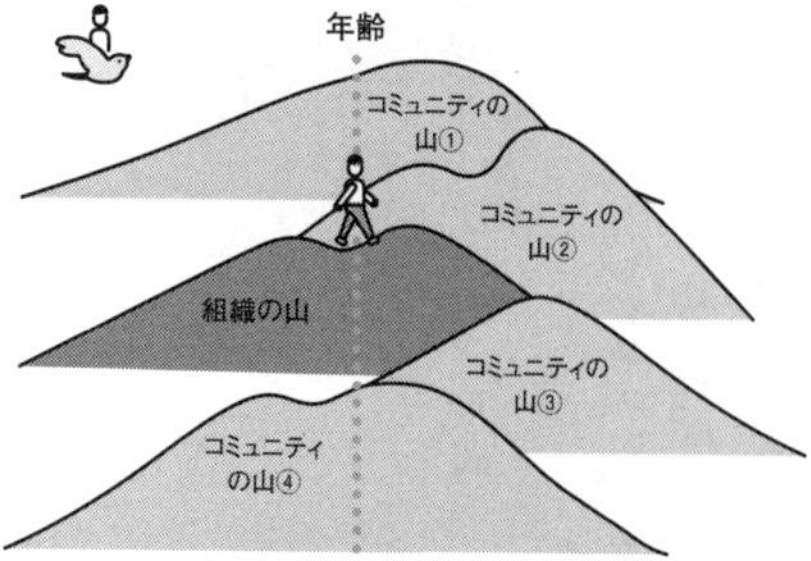

複数の山（新たな視点）を歩き、さらに山を鳥瞰できるようになる

逃げ道を探すこともできる。

私の場合も、メニエール病を発症したことによって、会社という人生の主軸からいったん退却することを余儀なくされたが、読書量を積み重ねたことで鳥瞰図の視界を獲得することができ、時と場合によってはビジネスの最前線から離脱しても構わないという心の余裕を得ることができた。

量は質に転化する――300冊のブレイクスルー

年間100冊を3年続けると300冊になる。300冊を超えたあたりからだったと思うが、自分のなかから言葉があふれ出すようになった。世間のさまざまな事象に接して、自分も何か語りたくなるのだ。

そこから、自分の意見を書いてみるという、つたない作業が始まる。最初は2～3行のメモにしか過ぎなかったものが、やがては1000字程度（A4で1枚くらい）の雑文を書くようになった。いままであれば、ブログを書くような感じだ。

教育学者の齋藤孝先生も、読書は文字のシャワーを浴び続けることになるので、ある量を超えると自分自身が文章を書くキッカケになるということを述べていた。

それは私の実体験でもいえる。３００冊読むと1冊２００ページとしても、6万ページになる。1ページに文字が６００字詰まっているとして、３６００万字のシャワーを浴びたということだ。

この、だれに頼まれたわけでもなく書き続けたエッセイが70編近くになった。それらをまとめたものを『ライフデザイン革命』と名づけ、簡易製本して１００部だけ印刷した。

そして、リクルートに籍を置きながら、ロンドン大学ビジネススクール客員研究員として家族とともにロンドンに渡る直前、同僚や部下や友人にこれを配った。読んだ人はそれぞれ自分の意見を書き込んで、それをだれか親しい人に手渡し、この本を漂流させてほしいとお願いしたのだ。

Ａ４判で本文の周囲に余白があったので、書き込むスペースは十分にある。松岡正剛さんによれば、昔はみなそのように感想や意見を連歌のように書き連ねて貴重な本を読み廻していたとのことだったので、そうした古《いにしえ》の知恵に習ってみようと考えたわけだ。

欧州での2年4か月の生活を終えて日本に帰国したとき、18人の手に渡って漂流したあと、母港に帰り着いたものが1冊あった。リクルートの広報室時代に部下だった小川朝子さんが自分の旦那さんと父親から始めて、同僚16人にも読んでもらい、丁寧にフォローして書き込みを増殖させたものだった。本当に私のもとに戻ってくるなんて思ってもみなかったので、感激した。

じつは、私のデビュー作『処生術』は7割方、この『ライフデザイン革命』に書いた原稿で、あとは欧州滞在中に書き貯めたものを加えたものだ。それが新潮社から出せることになったのは、同世代の編集者の寺島哲也さんが、漂流した自費出版本が私のもとに帰還した物語をいたく気に入ってくれたからである。

『処生術』は、山一證券と北海道拓殖銀行が相次いで破産する1997年暮れに出版されたものだから、会社にどっぷりと浸かるだけではない、インディペンデントなビジネスパーソンの生き方の書として評判になった。

バブルがはじけて経済的に厳しい時代がくるのに、会社を辞めてリクルート社初の「フェロー（客員社員）」となった奇特な著者の作品を読んでみたいと思われたのかもしれない。あるいは、当時40歳で、6歳を筆頭に2歳、0歳と3人の子のいるサラリーマンが、これからお金がかかるときにいったいどうして辞めちゃうのか、という興味本位もあったかもしれない。

いずれにしても、デビュー作はヒット作となった。以来、私は新しい時代に、新しい視点で生きるビジネスパーソン像を描くエッセイストとして次々と本を出すようになる。

ツールとしての読書2

相手との距離を縮める「本の使い方」

著書のある人と何か企《くわだ》てたいと考えたとき（単純なインタビューでもいいし、シンポジウムでも）、とりあえずその著者の本を読んだことをアピールするのはだれでもやるだろう。

ただ、それだけでは、相手からスルーされて、それ以上の話の進展もなく「じゃあ、また今度！」となってしまう危険がある。

私だったら、まずすべての著作を読む。だが、著作の数があまりにも多い人もいる。そういう場合、言葉は悪いがすべて読んだフリをする。

たとえば重松清さんにはじめて会ったとき、彼の本を20冊ほど借りてきて、そのうちの10冊程度を読んだ。そのなかから印象に残る決めゼリフを暗記し、会話をするときにさりげなく披瀝《ひれき》する。「こういうセリフがあったじゃないですか」と再生してみせるのだ。

ただ単に「読みました、面白かったです」だけではないので、相手に強い印象を与える。

重松清さんのような小説家は、自分のアタマのなかで苦労して紡ぎ出した思想を主人公や登場人物に仮託して言わせている。それを読み込んでいる相手に対しては、自分の脳の一部を共有しているように感じるはずだ。だから何か一緒にやろうという話に乗ってくる可能性が高くなる。私は書き手の立場としても、確実にそう思う。

学校では教えてくれないけれど、日本人は初対面のときに油断し過ぎているのだ。初対面でのマイナスイメージを、2回目、3回目で払拭《ふっしょく》しようと思っても不可能に近い。初対面のときに相手の心をつかまないと、その次はないと思ったほうがいい。

このように私は、書籍を「自分と相手を関係づける道具」として使うこともある。

いまは、多くの人がフェイスブックやツイッターを使って、つながりがあるかどうかを確かめる。しかし、つながるための優秀な道具（ＳＮＳ）が充実すればするほど、人間が人間につながろうとする意欲やスキルをどんどん削いでいってしまう。

このことに気づくかどうかは大きい。

つながろうとする力をつけるうえでは、じつは、道具が邪魔をする。名刺やフェイスブックやツイッターに頼れば頼るほど、初対面で相手にどのような生のインパクトを与えるかという演出に意識が向かなくなってしまうからだ。

第4章　正解のない時代を切り拓く読書

これからの時代に欠かせないのは「情報編集力」

第2章で、成長社会から成熟社会への移行を、「ジグソーパズル型思考」から「レゴ型思考」への転換だと述べた。私はこの変化を、成長社会ではひたすら「情報処理力」が求められたのに対して、成熟社会には必須のスキルがだんだん「情報編集力」に移行するとも表現している。重心が左から右に移動するイメージだ。

では、情報処理力と情報編集力の違いは何か？　講演などで話をするときに、私は134ページにあるような図を書いて説明する。

情報処理力とは、決められた世界観のなかでゲームをするとき、いち早く正解を導き出す力のことを指す。正解を早く正確に当てる力だ。

すでにお話ししたように、これはジグソーパズルを早くやり遂げる力にたとえられる。ある1つのピースを置く場所＝正解は、たった1つしかない。それをいかに早く見つけるかという、「アタマの回転の速さ」が求められる世界である。

情報処理力は、テストの採点で明確に点数がつけられるため「見える学力」と呼ばれている。英語では「Textbook problem solving skills（教科書的な問題解決力）」という表現になる。

旧来の日本の教育は、この情報処理力を鍛える取り組みが中心だった。

たとえば、『走れメロス』を題材としたテストなどで、「帰り道のメロスの気持ちに近いものを、次の4つのなかから1つ選びなさい」といった設問が与えられるのが、20世紀型の成長社会におけるテストの典型的なものだ。

これに対して、21世紀型の成熟社会で求められるのが情報編集力である。

情報編集力とは、身につけた知識や技術を組み合わせて〝納得解〟を導き出す力だ。正解をただ当てるのではなく、納得できる仮説を自らつくり出すところがミソ。

納得解を導き出す力というのは、ジグソーパズルでピースを置く場所を探すのではなく、レゴブロックを組み立てるイメージだ。

正解は1つではなく、組み合わせ方は無限にある。そのなかで、自分なりに世界観をつくり出せるかどうかが求められる。情報処理力が「アタマの回転の速さ」だとすれば、情報編集力は「アタマの柔らかさ」といえる。

『走れメロス』を題材にテストを行なうとしても、選択肢のなかから正解を選ばせる

「成長社会」から「成熟社会」への転換

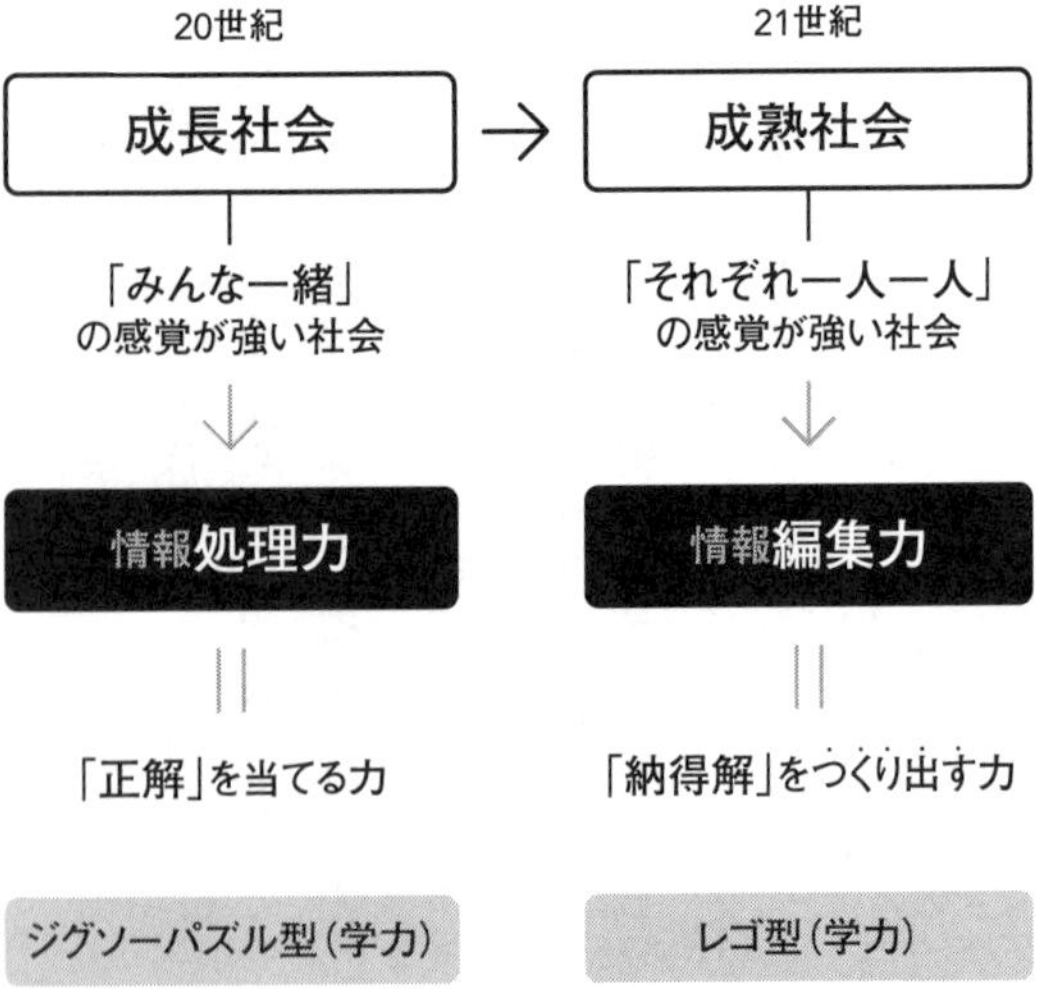

のではなく、「メロスがもし間に合わなかったら、本当に王はメロスの親友を殺していたのだろうか、について論じなさい」といった具合に、自ら仮説をつくらせ、ディベートさせるようなかたちになるだろう。

明確に点数がつけられる情報処理力とは異なり、情報編集力はテストでの採点が難しい。したがって「見えない学力」とも呼ばれる。

情報編集力を駆使し、イマジネーションを働かせる力が、現実社会において、たとえばイスラム国や北朝鮮の将来を予測し、自分の仕事や生活とそうした世界の変化の関係性を想像する力にもつながっていく。

あるいは、子育てや教育問題といった身近なことを考えたり、ビジネスにおいて新商品や新サービスのアイデアを出したり、顧客からのクレームに対応したりするときにも欠かすことができない力となる。

成熟社会で、選択肢の幅を広げ人生を豊かに生きるには、柔軟でクリエイティブな発想をベースにした情報編集力が欠かせない。

私が「情報編集力」が重要だと考えるようになったきっかけ

私がこうした「情報編集力」の重要性に気づいたのは、リクルートで発行する情報誌で、何か新しい分野がないかと模索していたときだ。

リクルートという会社は、さまざまな「情報誌」を創刊してきた。就職の情報を大学生や高校生に提供する『リクルートブック』に始まり、大学進学に関する情報を提供する『リクルート進学ブック』など、草創期には就職と進学の情報を提供する会社だった。

その後、中途採用情報を提供する『ビーイング』、女性の就職情報を集めた『とらばーゆ』、アルバイト情報を集めた『フロム・エー』などにも裾野を拡大していった。

リクルートには、企画部門のようなものがなく、だれでも新しい情報誌（いまはネットビジネス）を企画でき、プレゼンして、うまくいけば事業化できるという仕組みがある（これはいまだに続いている）。

だから、私はつねに「新たな分野の情報誌創刊のアイデアはないか」と模索するクセがついていた。そのようななか、経営者から「車は大きなマーケットだが、何かできないだろうか」との要請があった。

そこで、車を扱った情報誌について本格的に考え始めた。ただし、新聞に広告を打っているような新車の情報ではなく、中古車の情報である。当時、中古車の流通量（登録台数）は新車と同じぐらいか、それ以上に増えつつあり、多くの人が情報を求めているいっぽうで、その情報を集約して提供している媒体はなかった。

新車は、求める車種と仕様が決まれば、どこのディーラーでも同じものを大差ない価格で買える。それに対して、中古車というのは、同じ車種でも、年式や走行距離、色や前オーナーの使用状態によって価値が変わってくる。価格も一律ではない。その価値と価格の組み合わせは、人によって正解とするものが千差万別だ。

こういう市場では、比較検討が可能なリクルート型の情報誌が機能する。そこで、広告の集稿も期待できるとにらみ、創刊したのが『カーセンサー』だった。このネーミングは「車（カー）を検知する（センス）」というところから私が名づけたものである。

『カーセンサー』の事業計画をつくるにあたり、「情報誌」についていろいろと分析した結果を社内向けの論文にまとめることになった。「情報誌の未来」と題し、「情報誌というものは、社会的にどのような機能を持っているのか」を明らかにしたものだ。

住宅や車にかかわらず、物理的に分散している個々の情報を1か所に集め、ユーザー視点で編集し、正確にタイミングよく提示することが大きな価値を持つこと。だから、リクルートの収益につながる可能性が高いということを体系的に示した。じつは創業者である江副浩正さんをはじめ、当時はだれもそうした視点を持っていなかったようで、この論文は大きな反響を呼ぶことになった。


また、『情報選択の時代』（リチャード・ワーマン著／日本実業出版社〈絶版〉）という本に出合ったのもそのころだった。

TEDの創始者でもあるワーマン氏は、情報を「理解に結びつく形になったもの」と定義している。発信者として、情報を送り出す側のリクルートがユーザーの「理解に結びつく形にする」とはどういうことなのか。そんなふうに考えていたタイミングで、この本の翻訳者の編集工学研究所・松岡正剛さんにお会いすることになった。松岡さんは、私にこんなことをおっしゃった。

「20世紀のうちに、要素はすべて出尽くしました。21世紀は、その要素の組み合わせでしかありません」

20世紀後半の日本を牽引したのは、要素から正解を選び出す、情報処理力に優れた人だった。しかし、要素がすべて出尽くしたのなら、これからの時代は、すでにある要素をどのように組み合わせて価値を生み出すかということが問われることになる。つまり、情報編集力に秀でた人材が社会をリードする時代になる。

『カーセンサー』の創刊と松岡さんとの出会いは、そう私に痛感させる契機となった。

大事なのは「情報処理力」と「情報編集力」の切り替え

情報編集力とは、要素を組み合わせて価値を出すことだから、別の言葉に置き換えれば「つなげる力」ということになる。英語にすると「Imaginative problem solving skills（創造的な問題解決力）」である。

通常、仕事の現場では、7割以上のビジネスパーソンや公務員が情報処理側の仕事をしている。最先端のＩＴ企業でも、最初の発想段階を除けば、プログラミングそのものは処理的な仕事といえる。人によっては日々の仕事の9割方が処理的な仕事に終始しているかもしれない。

税理士や会計士や弁護士の仕事もそうだ。教師の仕事も、児童・生徒に「正解」や

「正解の出し方」を叩き込むことなので、速く確実に正解を教えるという情報処理の仕事に多くの時間を費やしている。

この習慣が染みついてしまうと、アイデアを出したり、柔軟なマネジメントをしたり、自分の人生の次の一手を考えたり、子育てをしたりといったクリエイティブになることが要求される局面でも、ついつい正解至上主義のモードのまま取り組んでしまい、うまくいかないことが多い。

大事なのは、情報処理力と情報編集力のアタマの切り替えだ。

「アタマを切り替えろ」という場合、従来はオンとオフの切り替えのことを指すが、これからは、情報処理力と情報編集力の切り替えという意味が大事になるだろう。

正解が1つではない問題に直面したとき、正解を求めようとするアタマから、納得解を導き出そうとするアタマに切り替える必要があるのだ。

もっとも、これから情報編集力が大切になるとはいっても、情報処理力と情報編集力は車の両輪だ。

したがって、教育的な見地からいえば、子どもの発達段階に応じて割合を変えながら、両方の能力をバランスよく育くんでいかなければならない。

たとえば、小学校なら情報処理力に9割、情報編集力に1割をあてるようにして、まずは「基礎学力」をつける。中学校では情報処理力側の暗記問題を７割程度まで下げ、３割を正解が１つではない問題のディベートや課題の探求、実験や実証に力を入れて情報編集力側へのシフトを始める。高校で半々、大学では情報編集力に９割方集中させる。こんな流れで、大学を卒業して就職するころには情報編集力側の技術を身につけていることが好ましい。

先進的な企業においては、人材を採用するにあたって応募者の資質を見極めるときにも、情報編集力が重要視されるようになってきた。

象徴的な話としては、世界中の天才が集まる企業として知られるグーグルの入社試験だ。入社試験の問題はとてもユニークで、過去にはこんな問題が出たこともあると聴く。

「スクールバスのなかにゴルフボールを詰めるとすると、どれだけ詰められるでしょうか？」

この問題に対して、グーグルが求めている答えは１つではない。とてつもなく難解な数式を駆使して物理学的に証明する人が合格するいっぽうで、「スクールバスに乗っている子どもは詰めたボールを外に放り投げてしまうだろうから、結局、１つも入らない」といった文学的な答えをする人も採用されるそうだ。

ここでのポイントは、それぞれが自分の知識と経験を駆使し、与えられた設問に対して短時間で納得解をプレゼンすることだ。アタマの回転の速さ（情報処理脳）だけでなく、アタマの柔らかさ（情報編集脳）が問われていることがわかる典型的な例だと思う。


バブル崩壊以降の日本社会においても、能力を活かして活躍している人は、アタマが柔らかく情報編集力の高い人が多いように見える。暗記した知識というよりは知恵が働き、組織よりネットワークで仕事をしている人の周りに自然と仲間が集まるから、結果的によい成果を出すことができているのだ。

では、どのようにすればそうした情報編集力を高めていくことができるのだろうか。

私は、次に説明する5つのリテラシーと1つのスキルを磨くことで、その力を高めていくことができると考えている。

「コミュニケーションする力」を磨く読書

「情報編集力」を高めるのに役立つ５つのリテラシーの１つ目は、「コミュニケーションする力（異なる考えを持つ他者と交流しながら自分を成長させる技術）」である。英語表記は「Communication skills（skill set needed to achieve personal growth through interactions with diverse groups）」となる。

まずは当然のことながら、聞いたり読んだりして、情報をインプットする技術が重要になる。旧来の学校の教科でいえば、国語と英語がこれに相当する。

ただし、情報処理力としての国語や英語の成績がよくても、それをもとにコミュニケーションする力がなければ、情報編集力を高めることはできない。

コミュニケーションとはお互いの意思を伝達し合うことだが、とりわけ人の話をよく聴くことが大切になる。人の話を聴くことで、自分の考えは進化し、相手と共感することもできる。ヒアリングの技術が高くなければ、他人の脳が自分の脳につながらないから、自分のことを相手に伝えることもできない。

したがって、まずは人の話を素直によく聴くこと。相手の目を見て、うなずいたり、相づちを打ったりするだけでも相手は話しやすくなり、相手に対して自分のクレジットを高めることもできる。どんな人でも、クレジットの高い相手には、新しい情報や自分のアタマのなかにある、とっておきのネタを伝えたいと思うものだ。結果として、価値ある情報を手に入れやすくなる。

「人の話をよく聴く」という技術は、読書をすることによっても高めることができる。どのようなジャンルの本にも素直に向き合ってみること。先入観を排した「乱読」が大切だ。さらにコミュニケーションする相手との「雑談」に必要な多様な分野の基礎的な知識も、読書によって増やしていくことができる。

「ロジックする力」を磨く読書

2つ目は「ロジックする力（常識や前提を疑いながら柔らかく〝複眼思考〟する技術）」である。英語で表記すると「Reasoning skills (skill set needed to think critically and logically)」となる。

成熟社会では、さまざまな価値観を持った人々と共存しながら生きていくことが求められる。共存していくためには、他人の納得解を理解したり、自分の納得解を他人に理解してもらったりする必要がある。そのために必要なのが、ロジカルに考えることである。

また、さまざまな価値観が共存しているなかで自分なりの価値の軸を見出すためには、何らかの法則を発見したり、社会的に受け入れられる対処法を見つけたりしなければならない。そのためには、さまざまな事象をロジカルに分析する力が必要不可欠になる。

この力に相当する学校の教科は、算数／数学である。ただし、これまでのような正確に、速く正解にたどりつく能力とは異なり、ロジカルシンキングは、さまざまな「仮説」を考え出す力だ。

ロジックする力を身につける第一歩は、自分の行動や思考に筋が通っているかをつねに意識することである。あるテーマに関する意見を持ち、他人とディベートしたり、理詰めで説明したりすることで、徐々に獲得することができる。

また、物事を相手の論理で考えてみることも有効である。自分の考えを主張するだけではなく、相手の話を受け、理解し、自分の考えを「進化」させることも、ロジックする力を身につける練習になる。

こうした訓練にも、読書が役に立つ。読書は、著者の論理を理解しようと努める行為の連続だからだ。たとえば、大前研一さんの本を読めば、ある事象に対する大前さんの論理そのものを学ぶことができるだけでなく、論理の展開の仕方や分析手法も学べる。

まず、著者の論理を真似することで自分なりの考えを編集する努力を繰り返していけば、ロジックする力を高めていくことができるだろう。

「シミュレーションする力」を磨く読書

3つ目は「シミュレーションする力（アタマのなかでモデルを描き試行錯誤しながら類推する技術）」である。英語では「Simulation skills（skill set needed to make inferences by creating mental models）」となる。

この力に相当する現行の学校の教科は、理科である。

理科につきものなのが実験だ。実験とは、構築された仮説や既存の理論が実際に当てはまるかどうかを確認することや、既存の理論からは予測困難な対象について、さまざまな条件下で測定を行なうことである。
シミュレーションする力というのもこれに似ており、自分のアタマのなかでモデルをつくって、試行錯誤しながら確かめていく能力だ。

シミュレーションする力を体得するには、つねに先を予測して行動してみるクセをつけることだ。

日常の些細なことに対する予測がよく当たる人というのは、一般的に「勘がいい」「運がいい」ということで済まされてしまうが、私はそうは思わない。そういう人はシミュレーションする力が高いのだ。シミュレーションができていればいるほど、予測が当たる可能性は高くなるからだ。

自分がそういう人になりたいのであれば、つねに「これが起こったら、次はこうなるだろう」「こう言われたら、これもやっておいたほうがいいかな」といったことを予測しながら行動するクセをつけるとよい。

つまり、先を予測して行動するということである。あるいは、いま話題になっている事象について、次の展開を予測することをゲーム感覚で楽しんでみるのもいいだろう。

ここでも有効なのが読書だ。自然科学系の本は、多くの事象に対する判断材料を提供してくれるだろうし、ＳＦや推理小説が好きな人は、予測を趣味としているようなものだと思う。

「ロールプレイングする力」を磨く読書

４つ目は「ロールプレイングする力（他者の立場になり、考えや想いを想像する技術）」が挙げられる。英語表記は「Empathic skills（skill set needed to imagine how others think and feel by considering their viewpoints）」となる。

ロールプレイングする力は、ママゴトやヒーローごっこのように、他人の視点で世の中を眺めることで身につく。かつて子どもたちは、幼稚園から小学校低学年のころ、ママゴトやヒーローごっこをたっぷり体験したはずだ。

ママゴトは立派な学習活動である。母親の役割を演じることで、その仕事を注意深く見たり、理解したりできるようになる。同様に家族それぞれの役割を演じることで、家族のなかにおける自分の居場所を確認することにもつながっているのだ。

ロールプレイングをすることは、このように、社会という複雑な世界をアタマのなかで整理して考えることにつながる。そうすることで、社会における他者の役割を効率的に学んでいくことができる。他人の身になって考えるという行為は、自分の脳と他人の脳をつなげることになるからだ。

実際に社会に出て働くようになると、再び、こうしたロールプレイングの技術が重要だということに気づくはずだ。たとえば接客業であれば、お客さんの立場に立って物事を考えなければ大事なことが見えてこない。雑誌の編集でも、テレビのディレクターでも、読者や視聴者をつねにロールプレイできなければ、部数や視聴率を上げることはできないだろう。

この技術に近い学校の科目は、社会科だ。ただし、年号や史実を覚えるということではない。社会におけるさまざまな仕組みや役割を学びながら、「政治家ならどう考えるか」「経営者ならどんな手を打つか」「消費者は何を望んでいるか」など、自分と異なる人の立場でロールプレイングをすることによって、多様かつ柔軟な考え方が養われる。

物事を他人の視点からも見られるようになると、世界観が広がる。世界観が広がれば、考え方の幅が広がり、思考が柔軟になる。他者の視点を獲得するのは、「大人になる技術」ともいえるだろう。

それに適しているのも、やはり読書だ。

良質なノンフィクションや伝記というのは、他人の人生を体験できる物語である。事件や歴史上の登場人物の思考や気持ちを追体験することは、ロールプレイングする力を磨くのに最適なテキストだと私は思う。

たとえば、東日本大震災で続々と運び込まれる300人のご遺体を、ボランティアで復元した女性納棺師のドキュメント『おもかげ復元師』(笹原留似子著/ポプラ社)というノンフィクションがある。このような経験は、本来、できることではない。しかし、本を読むことによって、そのときに置かれていた著者の状況や周囲の人々の感情を疑似体験することができるのだ。

さまざまな事象を自分自身ですべて体験できれば面白い人生となるだろう。しかし、大事なことなので何度も言うが、一人の人間に与えられた時間は限られている。その限られた時間のなかで、自分以外の人生も疑似体験できるのが読書である。

「プレゼンテーションする力」を磨く読書

最後の5つ目は「プレゼンテーションする力（相手とアイデアを共有するための表現技術）」である。英語では「Presentation skills（skill set needed to share ideas in a dynamic, interactive way）」と表記される。

コミュニケーションする力によって情報やイメージをインプットし、シミュレーションする力とロールプレイングする力でイマジネーション豊かに「仮説」を設定する。その仮説を、自分と異なる考え方の相手を説得するには、ロジックする力が欠かせない。しかし、ロジカルな説明だけでは伝わらないこともある。

いくら価値の高いものや考えがあっても、伝わらなければ価値は大きく毀損《きそん》してしまう。自分の考えを論理だけでなく、情緒豊かに表現することで、他人に影響を与え、動かすのだ。

自分の考えを他人にもわかるように表現することは、さまざまな考え方が共存し得る成熟社会においては必須のリテラシーになる。

この技術に相当するのは、学校では、実技教科すべてだ。音楽、美術、体育、技術家庭などの実技教科は、自分の感性や考えを表現する手段である。

体育は、身体のプレゼンだ。美術は、絵や彫刻やデザインで自己表現することだ。音楽も、音やリズムで自分を表現することである。技術家庭でさえ、料理や被服や工作物を通じて自分のイメージを表現する行為である。

プレゼンテーションする力は相手の脳に自分の脳のかけらを「つなげる」こと、ともいえる。自分の思いや考えをできるだけ率直に、わかりやすく、正確に伝える技術が必要になる。

その際に大切なのは、まず「他者」をイメージすること。次に、その他者は自分とは違う世界観で生きているのを理解すること。

だから、プレゼンは、相手のアタマのなかに、自分のとは別の映写室があるつもりで、相手が理解できるイメージを映し出してあげなければいけない。

仮に、AとBというイメージしかアタマのなかにない相手に対し、いきなりCというイメージをプレゼンしても伝わらない。そんなときは、Cというイメージに代わる何かでCというイメージを伝えることがポイントになる。

つまり、ある考えをプレゼンするには、数多くのイメージを編集して提示する能力が問われるということだ。AとBというイメージしかアタマのなかにない相手には、AとBに関連した（相手が親近感を持つ）要素を組み合わせてCというイメージを表現できれば、そのプレゼンは成功する確率が高くなるだろう。

その際に問われるのは、どれだけ多くの脳のかけらに触れてきたかである。多くの脳のかけらに触れる経験をしていれば、それだけイメージを編集して提示する選択肢を広げることができる。

プレゼンに必要な表現力もまた、読書によって養われる。「つなげる力」が高まることは、イマジネーションが豊かになることと同義だからだ。

プレゼンの機会が圧倒的に多いテレビやゲーム業界の逸材がみな乱読家であるのは、よく知られた事実である。

「複眼思考（クリティカル・シンキング）」を磨く読書

以上の5つのリテラシーに加えて、情報編集力を高めるために、忘れてはならない

1つのスキルがある。それは「クリティィカル・シンキング」だ。

クリティィカル・シンキングを直訳すると「批判的思考力」ということになるが、なんでもかんでも文句をつければいい、というわけではない。それでは単なる「あまのじゃく」に過ぎない。

英語の「critical」には「本質的」「鑑識眼がある」という意味がある。したがって、クリティィカル・シンキングの本質は、「自分のアタマで考えて、主体的な意見を持つ」という態度、すなわち、本質を洞察する能力である。その意味で、私はクリティィカル・シンキングを「複眼思考」と訳している。物事を短絡的なパターン認識でとらえず、多面的にとらえてみるということだ。

「そこには、何か裏の事情があるのではないか」

「反対の視点に立てば、まったく違った事実が見えるのではないか」

テレビでニュースを見たときにキャスターの言葉を鵜呑《うの》みにするのではなく、新聞を読んだときにも各社の論調を無条件に受け入れるのではなく、さまざまな角度から多面的に考察するのだ。

スポーツ新聞は各社から出されているが、プロ野球の巨人対阪神戦が行なわれた翌日の紙面を見ると、巨人びいきのスポーツ新聞と、阪神びいきのスポーツ新聞では、見出しから内容までまったく違う。同じ試合の結果だったにもかかわらずである。

それぞれのスポーツ新聞は、特定のチームに肩入れすることで、そのチームのファンをコアな読者にするという経営戦略を採用しているのだ。そのため、論調や切り口が180度異なることになる。

立場が変われば、同じ事実の表現の仕方がこうも変わってくるのかという目でみると面白い。そのいっぽうで、日本新聞協会が定めた新聞倫理綱領にはこう書かれている。

「新聞は歴史の記録者であり、記者の任務は真実の追究である。報道は正確かつ公正でなければならず、記者個人の立場や信条に左右されてはならない。論評は世におもねらず、所信を貫くべきである」

日本放送協会と日本民間放送連盟が定めた放送倫理基本綱領にも、同じような趣旨のことが書かれている。

「報道は、事実を客観的かつ正確、公平に伝え、真実に迫るために最善の努力を傾けなければならない」

こう書かれているにもかかわらず、あらゆるメディアでは「だれかの考え」というフィルターを通じて発信される。あらゆる記事や放送には、それぞれの団体や記者個人の「特定の方針」というフィルターがかけられ、その方針に則ったメッセージが発信されているということだ。

問題は、受け手である側が、報じられている内容をすべて公正で正確な事実と思い込んでしまうことである。私たちが新聞で読んだりテレビで見たりしているものは、だれかがある意図をもって編集した情報であることを理解しなければならない。

だから、できるだけ多くの考え方に触れ、自分なりの意見を持つことが重要になる。

1つの意見に対する反論は必ず出てくるだろうから、それを咀嚼《そしやく》しながら自分の考えをブラッシュアップして（進化させて）いくのだ。

複眼思考をする姿勢を持つことで、自分の考えがはじめて厚みを増してくる。逆に、複眼思考ができていない人の意見というのは、どうごまかしても、表面をなぞった感じがしてしまう。

自分の考えをブラッシュアップさせる作業は、多様な考えを持つ他者とのコミュニケーション（ブレストやディベート）を通じてもできるし、読書を通して他人の脳のかけらをつなげることでもできる。

複眼思考を磨くうえでも、読書が大きな役割を果たすことがおわかりいただけたと思う。

まずは、「道徳としての読書」から脱け出そう

読書を通じて複眼思考を磨いていくうえでは、「道徳としての読書」から脱することも重要である。日本の国語教育に多い、いい本イコール何らかの人生訓を教えてくれるものという通念を捨てる必要があるのだ。

日本の国語の授業というのは、道徳の時間になってしまう傾向がある。思いあたる人も多いのではないだろうか。なぜなら、特定の権威者が決めた課題図書を読み、「正しい感想文」を書かせるといったパターンが多いからだ。

いっぽうで、ほかの先進国では通常、国語の時間といえば、クリティカル・シンキングを養成するカリキュラムのことを指す。したがって、国語の授業の中心は、議論をすることだ。

国語の時間といえば、こんなエピソードがある。私が高校生のとき、同級生の一人にアメリカ帰りの帰国子女がいた。彼は一方的に教師がしゃべる日本の国語の授業を聞いていて、だんだん耐えられなくなったという。そして、教師に直訴した。

「僕に授業をやらせてください」

いま考えると、すでに定年間際の年齢に達していた国語の先生も肝が座っていたと思う。やらせたのだ。

彼が行なった国語の授業は、アーネスト・ヘミングウェイの名作『キリマンジャロの雪』という短編をみんなに読ませ、クラスメート全員を巻き込んでディベートを仕掛けるというものだった。さまざまな意見が飛び交うその授業の面白さに、私もふくめてクラスメートのだれもが興奮した。

日本の国語の授業も教条的に正解を押しつける一方的な「道徳教育」から脱しないと、複眼思考は育たない。読むべき本、あるべき答えではなく、本には多様な読み方があっていい。「そういう考えもあるね」と寛容に受けとめながら「自分だったらどう思う?」と質問しながら読んでいく。

多様な意見を戦わせることで、脳のシナプスが活性化される。それを繰り返せば、やがて自分の意見を持ち、他人の異なる意見も理解できるようになるだろう。

情報編集力は、子ども時代の「遊び」が鍵になる

ここまで情報編集力を高めるために大切な5つのリテラシーと1つのスキルについて触れ、それぞれを磨くために読書がどれほど役立つかについて書いてきた。

しかし、読書だけしていても情報編集力は高められないということに、ここであえて触れておこうと思う。

私は情報編集力を自分のものとして身につけるには、「予期せぬ出合い」が重要だと考えている。それを日常的に体験できるのは「遊び」だ。遊びの定義について、自著のなかで対談した松岡正剛さんの言葉を借りると、次のようになる。

「遊びには『ルール』『ロール（役割）』『ツール（道具）』があって、それぞれを主客、つまり他者と自分が入れかわる可能性がありながら成立している」

『情報編集力』（筑摩書房）より

松岡さんは、遊びでは必ず不測の事態が起こるという。遊びを始める前に意図していたことも、ルールかロールかツールのどれかに思い通りにならないことが出てくると、まったく違う展開になるものだ。場合によっては、すべての面に不確定要素が発生することもある。

たとえば二手に分かれる鬼ごっこで、せっかく大好きな女の子と一緒のチームになれて有頂天になっていても、途中からガキ大将が加わり、強権を発動されてお気に入りの女の子を敵チームに奪われてしまうことだってあるだろう。

あるいは、お母さんを驚かせようと思って、家で積み木を高く積んで遊んでいたとしよう。お母さんが買い物から帰って来たら「東京スカイツリー」をつくったよ、と自慢したいから、ドキドキ、ワクワクしながら取り組んでいる。ところが、慎重にそっと上のほうを積み上げていると、まだ小さな弟が昼寝から起きてきて、せっかく積み上げたタワーを怪獣みたいに、なぎ倒してしまう。十分ありえることだろう。

そんな不測の事態になったとき、どんな対応をするか。

女の子を奪い返すために、仲間と協力してフォーメーションを構築する。ガキ大将を何人かで追い込んで、その隙にガードが手薄になった女の子を取り戻す。

積み木を崩した弟を泣かせて反省させる。ほかの楽しいおもちゃを与えて別の部屋に閉じ込める。弟にも手伝わせてもっと高いスカイツリーにチャレンジする。対応は、人や状況によってさまざまに異なるだろう。そこで、その場所で、そのタイミングで、しかも自分の持ち駒で、足りないものや限界がある条件下で最善と思われる策を実践するのが遊びの醍醐味だ。

逆にいえば、遊びというのは意図したように進んでしまうと、もはや遊びではなくなってしまう。状況が目まぐるしく変わるなかで、自分の出方を修正する能力が試されることが楽しいのだ。

子どものころ、私が住んでいた公務員住宅にはアパートとアパートの間に公園があった。そこには砂場と鉄棒とブランコと、決して広くはないが、ちょっとした広場もあった。

私たちの世代の男の子たちは、何かといえば野球をやりたがった。しかし、場所が狭いためにちゃんとした野球はできない。そこで考え出されたのが三角ベース（ホームベースと一塁、三塁を三角に結んで行なう野球を簡略化した遊び）である。

しかも、まともなベースがない。そこで、目印となるような木や石をベースに見立てていた。ボールだけはだれかが持って来たが、バットさえない場合もあった。そんなときは、近くの工事現場に行って木の端切れをもらってバット代わりにしていた。

遊びのなかで、足りない道具はいっぱいあった。そこでは、何をその代わりにして、どんな役割に見立てて遊ぶかにイマジネーションが試されたのだ。

だから、子どものころにどれだけ、こうした「ごっこ遊び」をやったかが、情報編集力の基盤(ベース)になる。

遊びというのは多様で、複雑で、変化に富んでいる。やってみなければわからない要素が強く、つねに修正をかけていかなければ楽しめない。正解主義で、遊びはできない。

だからこそ、遊びは、成熟社会に必須の情報編集力の土台になるのだ。お子さんのいる読者には、10歳までにどれほど思いっきり遊んだかが、その子のイマジネーションの根っこになる、と明言しておこう。

大人が情報編集力を磨くには

それでは、いまさら「ごっこ遊び」に興ずることができなくなった大人はどうすればよいのか。もちろん、大人になってからでも、情報編集力を鍛える方法はある。そのひとつは「旅」に出ることだ。

ただし、観光地を巡るお仕着せの「パックツアー」ではダメ。スケジュールと宿泊先、交通手段などをすべて自分で組み立てる「旅」にしなければ意味がない。

ある程度の期間、自分で旅を「編集」して体験すれば、危険な目に遭うこともふくめ、あらゆる事態に遭遇する。そうした予定調和でない事態に、あえて自分を追い込むこと。

自力で対処することで、子どもにとっての遊びに代わる体験ができるはずだ。

私は、学生のころにヨーロッパ旅行に出かけたことがある。アルバイトをしてお金を貯め、大学2年のときに47日間の旅に出た。はじめて飛行機に乗る体験でもあった。友人との二人旅だったが、ほとんどの旅程を私がコーディネートし、ユーレイルパスでヨーロッパ中を回った。

そして、あと1週間で旅も終わるころ、予期しない事件が起こった。

ローマで鉄道のストライキに遭遇してしまい、移動に使うはずだった寝台車がホームに停まったまま動かなくなったのだ。ストライキで動いていないのだから、寝台車はガラ空きだった。

私と友人は疲れきっていた。その日はもう動く気になれず、停車していた寝台車で一夜を明かすことにした。そして、せっかくだから豪勢に寝ようといって、一人一部屋で寝ることにしたのだ。その寝台車には、私たちのほかにアメリカ人のカップルが一組いた。

疲れていたためにすぐに熟睡してしまったのだが、翌朝、目覚めたら、2つあったはずの私のバッグがすべて盗まれていた。当然、バッグのなかに入れておいたパスポートとトラベラーズチェックもない。

旅を始めてからその日まで、私はパスポートとトラベラーズチェックを母がつくってくれた巾着《きんちゃく》のような袋に入れ、念には念を入れて腹巻のなかに入れて持ち歩いていた。だが、寝台車ではぐっすり寝たいと思い、その日に限ってバッグに入れ直してしまったのが仇《あだ》になった。完全に油断していたのだ。

隣のコンパートメントで寝ていた友人もバッグを盗まれたが、身につけていたパスポートだけは残っていた。アメリカ人のカップルに至っては、履いていたジーンズを切られてポケットに入っていたお金を持っていかれたという。もし4人で1つのコンパートメントに寝ていれば、事無きをえたのかもしれないが、あとの祭りである。

すぐに、パスポートの再発行をしてもらうために日本大使館に行った。

「よかったね、きみたち。もし起きていたら、殺されていたと思うよ」

バッグを盗まれた状況を説明すると、大使館の人はそう言った。

そのときは何も知らなかったが、当時のローマは非常に危険な街で、殺人事件まで起こるような中央駅で寝るなど自殺行為に等しかったようだ。

日本から遠く離れた海外で、どうにもならない状況のなか、警察や大使館や旅行会社の駐在員や英語も通じないホテルのスタッフと破れかぶれで宿や帰国便の交渉をした。当時は地獄だと思ったし、神様を恨んだが、そんな事件を体験できたことは、あとから考えれば、自分の成長につながったと思う。

命を奪われてしまっては元も子もないが、そうでなければ、ある程度の極限状況や未知との遭遇、そしてその結果としての「予期せぬ出合い」を体験することで、変化する状況に対処する技術を磨くことができる。危機に際して人間は、アタマのなかのあらゆる知識と経験を結びつけて編集し、最善の対策を考えようとするからだ。

極限状況を体験するということに関しては、メディアファクトリーにいたころ、評論家の西部邁《すすむ》先生から面白い話を教えていただいたことがある。

「男が正気になるためには、病気になって死ぬ目に遭うか、独房に入って沈思黙考《ちんしもっこう》して哲学するか、戦争に行くしかない」

西部先生が言おうとしたのは、人間がひと皮剝《む》けるためには、それぐらい強いショックが必要だということ。

少しぐらいの仕事のきつさや「地獄の研修」に参加する程度のことでは、人間の価値観は激変しない。半日もしたら元の状態に戻ってしまうだろう。

いっぽう、死というのは生物である人間にとって、究極の極限状況である。癌《がん》を告知された人の体験談を読んでいても、死を間近に意識することで世の中がまったく違って見えるという。もちろん恐怖はあるが、運よくそこから立ち戻ることができたなら、おそらくそれまで自分が持っていた知識体系とはまったく異なる編集が脳内で起こるのだろう。

子どもにとっての遊び、大人の旅、そして極限状況に直面すること。読書に加えて、こういう体験をすることによっても、情報編集力は強化されるのである。

ツールとしての読書3

本は、孤独に耐えながら読むモバイル端末

本の著者は、滅多にできない経験をしたり、深く研究したり、テーマをずっと追いかけたりして、その道のエキスパートになった人である。そのエキスパートが考え抜いて表現した1冊の本は、著者の脳のかけらにアクセスするための端末だ。

しかも、本は持ち運び自由で、いつでもどこでも読める端末でもある。充電切れの心配もいらないし、アクセスのスピードも読み手の自由だ。ざっと眺めることもできれば、じっくり思索を深めながら読むこともできる。行きつ戻りつしながら、途中から目を通すこともできる。

読者の脳内にもともとあった情報と、新たにインストールした著者の脳のかけらという情報が混じり合い、脳内で情報が編集されることになる。

つまり、著者の世界観と読者の世界観が化学変化を起こし、再編集されて新し

い世界観が生まれるのだ。読書が世界に対する見方を広げ、味方を増やすことにもつながるというのは、そういうわけだ。

書籍が「モバイル端末」とも呼べる現在のような形になったのは、500年以上前のことだ。

人間の頭部には前面に目があって、両手は前方に自在に動かすことができる。そうした人間の構造から、片手で持ったまま、片手でページが繰れる現在のような形がベストだということになったのだろう。言語の違いから、縦書きと横書き、右開きと左開きなどの違いはあるものの、最も合理的だと思われる形は、世界中でいまでも変わっていない。

電子書籍は、線を引くことができたり、わからない言葉の意味を即座に辞書で引けたりするなど、年々高スペックになっている。しかし、いまだに紙の本がなくなっていないということは、著者の脳のかけらを吸収する道具という視点に立てば、紙の本も十分に高スペックだということではなかろうか。

アマゾンで電子書籍「キンドル」開発の現場責任者だったジェイソン・マーコスキー氏も、著書『本は死なない』(講談社)のなかでこう述べている。

「本は、顔を隠したいときや、椅子や机の下支えに使えるだけではない。まず価格、製造コスト、情報伝達の効率性のバランスが非常に優れている。小型のノートパソコンやタブレットなど、重さが同程度のほかの情報ツールと比べても、本の価格と製造コストの低さは抜きん出ている」

こんな高度で合理的な本という端末を、だいたい1000円～3000円の間で手に入れることができる。

たとえば、200ページ前後に詰まった膨大な知識の塊がたった1500円で手に入ると考えれば、その投資効率は非常に高い。

また、本は、物理的なものであるがゆえに、読み終わったあとの達成感がある。とくに紙の本だと、しおりや本の背表紙についているスピン（しおり紐《ひも》）をページとページの間に挟むことで、ここまで読んだという達成感を自分の目で確かめ、実感できる。あるいは、5、6冊の本を読んだそばから机の片隅に積み上げていけば、物理的な感覚で読んだ量を味わうこともできる。

もちろん、それが大部の著作であれば、読み切るには相応の忍耐が必要になる。たとえば、塩野七生《ななみ》さんの『ローマ人の物語』（新潮社）のような壮大なシリーズものは面白いけれども、すべて読もうと思えば相当な覚悟がいる。

しかし、だからこそ忍耐力がつくのだ。私は、読むことに対する忍耐という面では、電子書籍よりも紙の本のほうが、実感が持てると感じている。

かつて、私はフランスに住んだことがある。そのときに感じたのは、フランス人には絶対的に孤独な人生観が深く横たわっていることだった。

「人は生を受け、死を迎えるまで、結局、他人と完全にわかり合うことはできない」

これこそが、21世紀型の成熟社会に通底する基本認識だと私は思う。

だから、四六時中ネットにつながるのではなく、ネットから切れて「スタンドアローン」になることが重要になる。孤独に耐える訓練にもなるからだ。

私は、仕事をするときとは別の場所で本を読んでいる。スマホも身につけてはいないので、本を読むときは完全にスタンドアローンの状態だ。

本は、このようにスタンドアローンになることに適した端末だ。ただそこに黙ってあるだけ。逆の見方をすれば、本は、孤独に耐えながら読むに限るということ。そこから生まれる達成感は、次の本へ向かわせる原動力になる。

第5章　本嫌いの人でも読書習慣が身につく方法

藤原流・本の読み方と選び方

私は年間120冊から200冊の本を読んでいる。

33歳から本格的に読書を始めて、59歳になったこれまでの26年間にわたって3000冊以上読み続けているから、その気になれば速読もできるが、しないことにしている。基本的に本は、じっくり読むほうだ。

ただし、3000冊すべて隅から隅まで熟読したわけではない。3割以上ちゃんと読むが、半分は目を通す程度だ。そして、50ページほど読んでみて、まったく面白さを感じることができずに、やめてしまうものも2割はある。はずれだった場合だ。そういう読み方でも十分だと思う。

また、私の場合、目次を読んで全体像をつかむことはほとんどしない。通常は「はじめに」や「まえがき」から読み始め、文章の流れのままに本文に入る。

ここで本の読み方を指南しようというつもりはない。読み方は人それぞれ自由でいいと思っているので、私はこういう読み方をしているという事実だけを記しておく。

どのような本を読むかについては、おおよそ6つのパターンがある。

1つ目は、一人の作家の作品を図書館で5冊、10冊と借りられるだけ借りるパターンだ。面白そうかどうか、評判はどうかなどは気にせず、「この人」と決めた作家の本を机の上に積んでおいて片っ端から読んでいく。

2つ目は、表紙やタイトルを見て感性に引っかかったものを5冊ぐらいまとめ買いして読むパターンである。まとめ買いする舞台は、私が定点観測している渋谷の啓文堂書店にあるノンフィクション系の平台などだ。このとき、気になった本の類書をまとめて買うようなことはほとんどしない。むしろ、意図的にジャンルを分散させて5冊を選ぶ。

3つ目のパターンは、出版社からの献本である。かつて雑誌に書評を書いていた時期があったせいか、いまでもさまざまな出版社から新刊が送られてくる。これについては、まずは選り好みしないでざっと読む。自分で選択したわけではないから、50ページで離脱してしまうものもある。逆に、予期せぬ出合いがあることも。

4つ目が、新聞の書評欄を見て、気になった本を読むパターンだ。

5つ目としては、これを挙げることに多少の戸惑いはあるのだが、アマゾンのリコメンド機能も私のなかで無視できない存在になりつつある。まんまとアマゾンの営業戦略にハマっていることを自覚しながらも、つられてクリックするということを意外とやってしまっている。しかしこれも、私の通常の選書パターンであれば手に取らなかったであろう本に出合うことができるため、面白い。

最後の6つ目は、自分がリスペクトする人との会話に出てきた本を読んでみるパターンだ。これについては、その場ですぐにメモしておき、その日のうちに仕入れることが多い。若い人からも情報を得る。

そして、できたら翌日には読み終え、メールですぐに感想を送る。3行でも5行でもいいので、相手が驚くようなスピードで感想を送るのである。相手に対する礼儀という意識もあるが、こういうクセをつけておくことは、本を読むことを習慣化するためにも役立っているような気がする。

ベストセラー本にはそれなりの理由がある

30代に入ってから本を読む習慣が身につき始めたものの、ベストセラーになっている本を読もうという気にはならなかった。

自分がその本を「発見」したわけではないのにヒットしているのは、プライドが傷つくのだ。流行をあと追いする自分が許せない。だから、書店のレジの横に平積みされている「売れてる本」には、当初ほとんど手を出さなかった。

40代になって読書が日常の一部になってくると、そうした気負いや照れがなくなった。ごく自然に、話題になっている本は読んでおこうという心境になれた。

たとえば、『もし高校野球の女子マネージャーがドラッカーの『マネジメント』を読んだら』（岩崎夏海著／ダイヤモンド社）のような大ベストセラーは、30代までの自分であれば手に取らなかったと思う。あるいは、郷ひろみ著『ダディ』（幻冬舎）のような、ことさら話題性を演出した本は、出版社の戦略が透けて見えるから毛嫌いしていたはずだ。

しかし、読書が日常の一部になると、そういう思いはなくなった。むしろ、人との会話のなかで出た本は、読んでいるとお互いの共通の話として盛り上がっていいじゃないかと受け入れられるようになったのだ。

だからいまは、ベストセラーランキングの上位から読み漁っていくのも、あながち悪いことではないと考えている。内容なのか話題性なのかはともかく、そもそもランキングで上位に入るような本には、何らかの理由がある。要は、本を手に取るきっかけは何でもよくて、他人の目を意識することはないということだ。

ただし、100万部を超える売上を記録したミリオンセラーだからといって、それが自分の脳につながるような本であるとは限らない。

じつは2003年に200万部以上のセールスを記録した、養老孟司さんの『バカの壁』(新潮社)を読んだとき、私にはその面白さがよくわからなかった。むしろ、2014年に出版された『「自分」の壁』(新潮社)のほうが、養老孟司さんの脳のかけらが自然と入ってきた。

読む時期や自分の置かれた環境によって、本の受けとめ方は変わる。私という人間の意識はつねに変化しているし、時代背景も一点にとどまることはないからだ。はじめて読んだときはよくわからない本が、時を経て理解できることもある。

本には、人それぞれに読むのにいいタイミングがある。だからこそ、こだわりを捨てて乱読すべきなのだ。

また、ランキングのベストテン以内に入っているのにちっとも面白くなかったという体験も、自分を知るという意味では大事なことだと思う。

かつて一世を風靡《ふうび》した浅田彰さんの『構造と力』は難解だったし、現在も売れ続けている岸見一郎さんと古賀史健《ふみたけ》さんの共著『嫌われる勇気』（ダイヤモンド社）も、決して易《やさ》しい本ではない。後半から中味が濃くなり読み飛ばしができない本だ。タイトルや話題性に惹かれて買ったものの、最初の数十ページを読んで放り出した人もたくさんいるだろう。

それでも、その時代の流れに乗っている本を手に取り、なぜいまこの本が売れているのかを考えると、いまという時代に流れる「意識のかけら」のようなものが読み取れると思う。

確実によい本に出合うための方法はあるか⁉

この項を立てておきながら恐縮だが、結論を先にいえば、よい本に出合うコツなどないと思っている。

そもそも、よい本とは何だろうか。それすら定義できないのではないか。松岡正剛さんのような「知の巨人」が読んでよいと感じる本と、私が読んでよいと感じる本は違うだろうし、東日本大震災の被災地で暮らす中学生が読んでよいと感じる本はまた、それとは違うはずだ。

よい本に出合うためには、評価の定まった「よい本」を読んで感性を磨かなければならないと言われることもある。しかし、だれかにとってのよい本が優れていて、だれかにとってのよい本が劣っているということはないはずだ。本に対する感受性はそれぞれ一人一人が違っていい。

では、その感受性を磨くためには、どうしたらいいだろう。

本に対する鑑定眼を磨く方法はあるのだろうか。3000冊以上を読んできていえるのは、どのようなジャンルでもいいから、数にあたることが大切だと思う。

結論。なんのことはない、数が勝負なのだ。

私の経験でいえば、多くの本を読んでも、自分の価値観の一部が書き換えられるような影響を受けた本はそれほど多くない。よい本に出合う確率は低い。

そんななかでも、たとえば、マルコム・グラッドウェル著『天才！ 成功する人々の法則』（講談社）という1冊の本は、間違いなく、いまや私の脳の回路の一部を為している。個性や才能というものに対する考え方を一変させられた。

それまでの私は、個性や才能は人間にもともと備わっているものだと勘違いしていた。もともとある個性や才能を「引き出す」「磨く」という感覚が強かった。これは、多くの日本人が抱いているイメージではないだろうか。

ところが、グラッドウェル氏はそれを否定する。子どもの才能は、どのような環境やコミュニティに身を置くかによって決まってくるというのだ。それぞれの能力差は、もともと天賦の才能や資質の差ではない、と。

フィギュアスケートの選手を例に考えてみよう。

仙台のコミュニティで育った羽生結弦《はにゅうゆづる》選手が、別のコミュニティに生まれていたとしたら、はたしていまの羽生選手になっていただろうか。浅田真央選手は名古屋のコミュニティで育ったが、もし浅田選手が九州にいたとしたら、同じようにフィギュアスケーターとして頭角を現しただろうか。

もっと飛躍したたとえをすれば、浅田選手がまったく異なる環境やコミュニティに置かれたとしたら……たとえばロシアに生まれていたら、エレーナ・イシンバエワさんのような棒高跳びの選手になっていたかもしれない、ということだ。

個性や才能はもともとDNAに刻まれていて、生まれつきなのだから、どうしようもないものと考えている人は多いと思う。日本人一般が信じる、それを発見して引き出すか腐らせるかという、子育てのイメージである。

でも、そうではなくて、だれでもが置かれた環境やコミュニティによって能力を獲得できるという考え方は、私にとって納得できるものだった。

こうしたよい本に出合う機会の絶対量は、当然のことながら、読書の量を重ねれば重ねるほど多くなる。「これだ！」という本を数えたことがないから確かなことはいえないが、私の場合、おそらく300冊ぐらいだろうか。

300冊という数字だけを見れば多いかもしれないが、それでも3000冊読んで300冊だ。9割の本は、私の感性には引っかからなかったということ。

でも、それで損をしたとは思わない。無駄な本に出合わずに効率的に本を選ぶことなど、どだい無理だと思っているからだ。

また、他人の脳のかけらをつなげて新しい視点を獲得したいと思うならば、自分には相場観のないジャンルや著者の本を手に取ることも大切だ。相場観を持たない世界では、だれだって効率もクソもない。まったく外れになる可能性も、おおいに歓迎しよう。そのリスクを取ることで、リターンが得られるのだから。

大事なので、結論を繰り返す。

本当に自分に必要な本と出合いたいと思う人には、習慣化した「乱読」をおすすめする。予想もしなかった考え方に出合ったり、本を介して未知の人物との遭遇が将来起こる可能性もある。その化学反応は、読む前にはわからないことが多い。

本に即効性を期待する人もいるが、私は違うと思う。

本1冊の値段は文庫本で500円前後、新書で700円～900円、単行本で1300円～2000円程度である。買ったうちの9割がダメでも我慢できる金額だ。外れる確率は高くても、偶然の出合いがあるほうが、よほど面白い物語になると思う。それは人生における人間との出会いと変わらない。

人生における偶然の素晴らしい出会いを、効率的に設定することなどできはしない。本との出合いも、同じなのである。数をこなそう。

本は顔が見えてこそ、手に取りたくなるもの

「本を選ぶ」ということについては、私が和田中学校の校長に就任して図書室の改造に乗り出したエピソードも参考になるかもしれない。

就任直後に訪れた図書室は、全国の公立学校によくある「カビ臭い図書室」だった。

1日あたりの利用者は昼休みに5、6人で、それは図書委員の数だった。

図書室にはおよそ9000冊の本が収まっていたが、ほとんどが死蔵されていて、子どもたちの読みたい本が絶対的に不足していた。そこで私は、先述したこの分野の第一人者である児童文学評論家の赤木かん子さんを総監督として迎え入れ、改造に着手した。


最大のポイントは、5000冊の本を捨てたことだ。

9000冊のうち、5000冊はいらない本だった。生徒が足を運びたくなる魅力的な図書室にしたいと思うなら、まずは不要な本を捨てるところから始めなければならない。


捨てるにあたっては、二段階に分けて考えた。

1つは、「どう考えてもゴミ」という本だ。その代表格が、何十年も前に寄贈された百科事典である。

和田中の図書室には、35年も前に発行された百科事典が陳列されていた。だが、これには地名や史実など現在の事実とは異なるものが載っている。間違ったことが載っている事典類を学校に置いておくわけにはいかない。これらは、文句なく分別ゴミとして大量に廃棄することになった。

もう1つは「価値があるかどうかわからない本」である。

価値の計りようがない代表例が美術本だ。美術の専門的な教育を受けたわけではない者にとっては、捨てるか、とっておくか、主観以上の判断ができない。だから、ネットオークションで売ってくれる業者さんに委ねた。いまだったら、ブックオフのような中古本チェーンに取りにきてもらう手もあるだろう。そうすれば、価値のあるものは、その価値がわかる人に競り落とされる。死蔵ではなく、有効活用されるのだ。

図書室の改造の際は、邪魔なものがあると、むしろ子どもたちは本を読まなくなってしまうということを意識した。それに対して、「だれが興味を持つかわからないじゃないですか。たとえ邪魔になったとしても、置いてあったほうが子どもたちの可能性を伸ばすんじゃないですか」と批判する人もいた。これは一見、正論のように聞こえるが、間違いだと思う。極論すれば、邪魔な本を100冊置いておくより、子どもたちが読みたい本が、読みやすい形で3冊置いてあるほうがいい。

不要な本を大量に処分することで、残った本がおよそ3000冊になった。寂しいように思えるだろうが、図書室の棚がスカスカになったことで、じつは大きなメリットがあった。

本を「面出し」できるようになるのだ。

面出しというのは、本の表紙が見えるように置くことだ。書架に十分なスペースがないと、本は「背出し」しかできない。背表紙にはタイトルと著者名が小さく書かれているだけで、どこにどのような本があるのか、その本がどういう本なのかがわかりにくい。表紙の面を出すだけで、それが一目瞭然になる。

本の表紙が子どもたちに「読んで、読んで！」と声をかけるからだ。

たとえば、自然科学分野の恐竜の本、世界地図と冒険の本、『13歳のハローワーク』（村上龍著・幻冬舎）と職業関係の本、ドラえもんが算数を漫画で教えてくれる本。どういう本がどこにあるのかがわかると、読書しようという動機づけにもなる。

面出しされていると、本を手に取ろうとする意識が高まるというのは、書店の売り場を想像すれば理解できると思う。顔つきがよい本ほど、手にとって読んでみようという気になるものだ。

だから、本を読む習慣を子どもに身につけさせたければ、家庭にある本棚も同様にするとよい。そのためには、学校同様に、不要な本を捨てる決断をする必要があるのだ。

和田中の図書室改造では、不要な本を捨ててつくったスペースを活かして、奥のほうに四畳半程度のじゅうたんを敷き、パーテーションで仕切った場所をつくった。そこは、大人からは目の届かない「死角」になっている。じゅうたんでは、寝転がって本を読んでもいいというルールにした。1000冊に及ぶマンガを読むのもオーケーだ。

「図書室に死角をつくるのはいかがなものか」

そんな意見を言う先生もいた。私はこう説明した。

「死角をつくっていいんです。放課後ぐらい、先生から見られないのが大事なんです。子どもには、大人から見られないところで読みたいものもあるんですよ。その代わり、地域の本好きのお母さんたちにいてもらいますから」

結果、図書室の利用者は10倍以上になった。

習慣化されるまでは、ある種の「強制」も必要

本との関わり方については、校長時代のエピソードで、ほかにも参考になりそうな話がある。

和田中学校では、私が校長に着任する前から、「朝読書」という読書の時間を設けていた。朝の10分間、生徒が全員で本を読むのである。


小学生の高学年から高校生のころは、自分と向き合いながら、徐々に自分の世界を育てていく段階だ。とくに中学生ぐらいの自我が芽生える時期には、多くの子に反抗期がくる。親を素直に信じなくなったり、大人に対して斜に構えたり、世の中に反発しようとしたり。ワルぶることがカッコいいと勘違いする子もいる（正直、私もそうだった）。

「子どもの終わりであり、かつ大人の始まり」という言い方を私はするのだが、この時期に反抗心が生まれるのは自然だし、重要な成長過程だ。

小学生までは学校で起こったことを逐一母親に報告していた子どもでさえ、言わな

くなったり、あえて秘密をつくったり。ひどいと「テメエ」とか「ババア」とか母親を口汚く罵《ののし》ったり、父親を「ウゼエ」とか「キモイ」と避けたりする。

だから、反抗期の子を抱えた親は、けっこうつらい。でも、子どもは、そういう時期を経て、自我を形成していくのだ。

小学生までは嬉々として絵本を手に取っていた子どもが、この時期になって急に本を読みたくないと言い始めることも珍しくない。とくに、大人が勧めてくるような本、つまり課題図書や名作と呼ばれるものに拒否反応を示すのは、ごく自然なことだと思う。加えて、部活動や塾、友だちと遊んだりするのに忙しくなり、本を読む時間がなくなるのもこのころだ。ＬＩＮＥやＹｏｕＴｕｂｅ、ゲームにも時間を奪われる。

それを無理矢理、家庭で強制しようとしても、かえって反発が強まるだけだろう。だから、本を読む仕組みを学校が提供することが大事になる。朝読書はその仕組みのひとつである。読ませる本は、子どもたちに親しみやすいものでよい。

和田中の実践では、必ずしも本が好きではなかった子どもや、まったく読む習慣がなかった子どもが、本を読むことをそれほど苦痛だと感じなくなったようだ。あえて、強制的に本を読む仕組みをつくったおかげで、本に対する抵抗感がなくなり、なかにはそれがきっかけで本を読む習慣が身についたという子もいた。

本を読むことを習慣化するには、半分強制するのも大事な手段だと思う。

また、私が和田中の校長を務めた期間、時間があるときは校長室のドアを開け放ち、本を読むようにしていた。多くの場合、校長室は職員室の隣にある。職員室に用事のある生徒は、校長室の前を通ることになる。そこで私が本を読んでいれば、生徒の目に入る。意図的に、本を読む大人の姿を生徒たちに見せようとしたのである。

さらに、近くに住む本好きのお母さんたちには、こんなお願いをした。

「時間があるときに、図書室に来て本を読んでくれませんか。図書室にいても、司書のようにあれこれ仕事をする必要はありません。ただ座って、ご自分の好きな本を読んでいてくれればそれでいいのです。子どもたちに、その姿を見せてくだされば」

教育とは、伝染、感染なのだ。本好きの人は、じつに豊かな表情をして本を読む。静かに読んでいても、その波動《オーラ》は確実に周囲に放たれる。それが子どもたちに伝われば、少なからず影響を受けるはずだ。そこから、本好きな子どもが育つかもしれない。

よく研究者や作家の子どもが本好きになりやすいというが、それは家に本がたくさんあるからではない。小さいころから、親が本を読む姿を見ているからだ。

子どもにとって最高の教材は、いつも、大人の学ぶ姿なのである。

こうしたエピソードは、本を読む習慣を身につけたい大人にもあてはまると思う。

1日の通勤時間の朝10分間でいいから、同じ電車内で文庫本を読むちょっと気になる女性の真似をしてみる。好きなジャンルの本でいい。

休日には、カフェ付きの話題の図書館に自転車で出かけてみる。コーヒー片手に本を読んでいる人が目に入るような環境に身を置き、そこから発せられる波動を受けてみる。

たったそれだけのことで、本好きは伝染してしまうのではないかと思う。

本は読むだけで終わらせない

最後にお伝えしたいのは、ただ単に本を読んで、インプットすることだけをやっていても、読書の習慣は身につかないかもしれない、ということだ。

アウトプットの前提のないインプットでは、途中でだれるし、何より飽きる。なんとなく文字を目で追うだけになってしまい、読んだつもり、ということになりがちだ。

これは子どもに限ったことではない。大人でも同じだ。出口（目的や目標）のない読書は、その行為に意味を見出せなくなりやすい。だからこそ、本はただ読むだけでは終わらせないほうが習慣が続く。しかも、もうちょっと楽しい。

では、どうすれば、出口が見えるか。

アウトプットのひとつとして、和田中学校では朝読書の感想をまとめた「読書新聞」を国語の授業で制作するカリキュラムを3学期にやっていた。

B4判の紙を新聞に見立てて、「自分の今年読んだ本のなかで3冊、人に薦められる本があるとすれば、それはどの本なのか」「どんなところが魅力なのか」をクラスメートに伝えるという課題だ。

「3冊」というのは、朝読書でどんなに読むのが遅い子でも年間3冊は読めたからだ。国語の先生の懇切丁寧な指導のおかげもあって、読書新聞は全校生徒がつくることができた。それを学年ごとに簡易製本して、全員に配っていた。

3年次には、3年間の集大成の読書新聞を制作させた。ベストテンを書いてもいいし、ベストスリーに絞ってもいい。編集はそれぞれに任せる。

1年生、2年生、3年生と各学年で自分の読んだ本の情報を整理するというのは、まさに情報編集力の実践ともいえる。3年間の学生生活と本との思い出が色濃く結びついていて、「人生新聞」や「中学生活新聞」ともいえる内容にまとめられていた。和田中では、これが卒業文集代わりだった。

ある年には、それを本にしようと思いついた。若手の国語の先生を担当に据えて、1年生から3年生までの読書新聞のコンテンツを『和田中生が選ぶ　中学生のための読書案内』という書籍にした。付き合いのあった編集プロダクションや印刷会社のお世話になって、かなりコストを抑えてつくることができた。

それを生徒をはじめ多くの学校関係者に配ると同時に、一部地元の書店に頼んで売ってみた。生徒たちが職業体験にも行く、なじみの書店でだ。

こうした取り組みが、文部科学大臣賞の受賞にもつながった。

なぜ、アウトプットが大切なのかといえば、本を読んで、それを「自分の意見にまでつなげることができる」という成功体験になるからだ。

たとえば本を読んで、ある想いがあなたに浮かび上がってきたとしても、それは最初は、ただの感想に過ぎない。「自分の意見」というものは、書いたり話したりを繰り返すうちに、しだいに強固なものに進化していくものなのだ。それが印刷物になってフィードバックされると、さらにエッジが立ってくる。

意見は、繰り返し聴かれないと、筋道が立っていくものではない。逆に、何度でも、自分の意見を書けば書くほど、論理的な整合性が深まってくる。書いて、聴かれて、また書いて……その繰り返しで、ようやく「意見」に結晶するものなのだ。

これは私自身が、和田中の校長在任中の5年間で体験した事実である。東京都では義務教育初の民間人校長ということで、テレビ、ラジオ、新聞、雑誌、ほかに簡単なメールでの問い合わせまでふくめれば、インタビューに答えたのは軽く1000回を超えた。

答える内容は、読書で得た知識だったり、さまざまな経験を積むことによって得た知見だったが、取材に答えて何度も同じテーマで話すことを通じて、しだいに「自分の意見」として確立していった。自ら原稿を書いたり、インタビュー内容が記事になったものを振り返ることで、さらに論理性が増してゆく。そうして繰り返すことで、学校で見聞きした体験を、さらに自分のものとして理解し納得できることがわかった。

ただ、アウトプットが大事だといっても、普通の人は、新聞をつくったり、インタビューを受けたりする機会はあまりないだろう。だから、本を読んで琴線に触れたフレーズをメモしてみたり、感想を人に話したり、ブログやツイッターやフェイスブックでおすすめ本を紹介するだけでもいい。

自分流に「かわら版」を出せばいいのだ。ただし、自分の言葉でである。

そうすることによって、読書がもっと楽しくなり、好きになるはずだから。

あとがきにかえて

これを書いてしまったら、電車に乗っている半分の人に嫌われることはわかっている。でも、申し訳ないが、やはり書かざるをえない。

電車に乗ると、必ず目につく光景がある。

目の前に（片側に）座っている7人の人のそれぞれの過ごし方だ。男性はスマホでゲームをやっているか漫画を読んでいる人が多く、女性はスマホでファッション系の検索をしたりオンラインでウィンドウ・ショッピングをしていたり。

居眠りしている人も多いが、なかには本を読んでいる人もいる。

あなたがもし、ある有望な会社の人事部長で、これからこの7人を残らず面接試験して、たった1名の入社を決めなければならないとしたら、どのタイプの人を採用したいだろうか？

多くの会社の人事部長の面接では、まず、次のタイプの候補者には、即刻、お引き取り願うことになると思う。

タイプ1　四六時中スマホでゲームをやっている「ネトゲ中毒」の人
タイプ2　ずっとメールやLINEが来ていないかを気にして不安そうな人

こういうタイプの人は、集中力が仕事に向きにくいと判断されるからだ。

いっぽうで、イマジネーション豊かな人を優先するだろう。

タイプ3　スマホを活用してもいいから、主体的に調べる「アクティブ・ラーニング」のクセがついている人
タイプ4　いまは居眠りしていても週刊誌の中吊りをボーッと眺めていてもいいから、車内外の出来事にときどき目を凝らし、「これが起こったら次はこうくるかな？」と想像力を働かせていそうな人

こういうタイプの人は、たいてい面接官にも適切な質問をしてくる。

おそらく本人は気づいていないと思うが、スマホをしょっちゅういじって小さな画面とにらめっこしている人は、何か不安そうに見えるものだ。目もちょっと吊り上がっていて、つねに何かにいらだっているような印象を与える。実際に、画面に向かって舌打ちしている人を見かけることも少なくない。

いっぽう、本を読んでいる人には、そういう嫌な感じの表情をしている人はいない。嘘だと思ったら今度観察してみてほしい。ジロジロ見ていると男性陣は不審者と勘違いされる恐れもあるので、それとなく目線を送るようにして。

人間の表情は、対面するものによって変化する。

赤ちゃんは母親から表情の変化を学び、その微笑みから笑うことを真似するようになる。ミラー（鏡）効果だ。だから、テレビに保育をさせてしまった子は表情が乏しくなる。

動物もそう。犬だって表情を変える。怒られるとしょげるし、微笑むような表情のときもある。長年、犬と一緒に同居しているお年寄りが、その飼い犬と散歩している光景によく遭遇するが、表情が似ていることに気づく。

長年、連れ添った夫婦も顔が似てくるではないか。


人間同士、人間と動物、人間と本やテレビやスマホ。

みな、相手がだれであっても……それがお母さんの顔の表情であっても、画面やガラスのディスプレイであっても……ミラー効果に影響されている。

さらにいえば、いずれも固体同士の関係とはいえ、分子、原子、素粒子は飛び交っているのだから、活発に交流していることになる。ミクロの世界では、近くで暮らすもの同士は、混じり合っていくのだといっても過言ではない。

だから、どんなメディアと付き合いが長いか、どのようにメディアと接しているか、そのメディアのインターフェイスはどんな艶《つや》と肌を持っているか、は確実にあなたの表情に変化を及ぼすのだ。


さあ、このへんで、はじめの質問に戻ろう。

あなたが人事部長だったら、電車のなかで、読書をしている人と、ずっとスマホとにらめっこの人、どちらを採用するだろうか？

この「あとがきにかえて」を本屋さんで立ち読みしているあなた、家でゆっくり本文を読み終わってから読んでいるあなた、そして満員電車の窮屈なスペースで必死で読んでいるあなたも、きっと読書家の一人だと思う。

いまあなたが手にしているのは、本を読む意味を問いかけている本だ。だから、人事部長としてのあなたの選択も、きっと私と同じではないか。

私なら、読書する人を優先する。

なぜなら、スマホから離れ、読書習慣があるというのは、単なる生活習慣の削除と追加ではないからだ。

生き方の選択なのだ。

そして、読書をする人は、この本に書いてきたように、著者の脳のかけらを自分の脳につなげることで脳を拡張し、世界観を広げられる人だ。

何よりその力は、イマジネーションを豊かに育むことにつながる。

イマジネーション豊かな人は、それが最先端のネット系の会社でも、テレビや映画のようなメディア業界でも、みな、読書を愛する人である。

文庫版へのあとがき

『本を読む人だけが手にするもの』は自分で言うのもなんだが、地味な本だったと思う。ところが、書店の店員さんや本好き、あるいは児童生徒の保護者に支持されて単行本は5万部以上のベストセラーとなり、中国本土でも翻訳された。

本を読むことは、著者の「脳のかけら」を自分の脳にくっつけること。本は著者が長い時間をかけて紡いだ世界観や知見を（自分自身が直接経験することなしに）獲得できる装置なのだ。レゴのようにガッチャンと自分の脳に組み込むように。

この考え方が支持されたようだ。

文庫化に際しては、ショールーム（SHOWROOM）の前田裕二さんとのコラボが実現した。

前田さんは毎日1冊の本を読む読書家だが、拙著『僕たちは14歳までに何を学んだか』（SB新書）の取材では、幼児期から少年期にかけての突っ込んだインタビューをさせてもらった。さらにエンジン01文化戦略会議では、一緒に東北の中学校に出張授業にも行った。その日も、夜中の2時に本を読み出したら夢中になっちゃって結局明け方までに読みきったから寝てないんですと言っていた。

この本の巻末には、30年の間に4000冊ほどを読んだ私が自信を持ってオススメするビジネス書やエッセイ、そして親が子に読んで聞かせて欲しい絵本も加えて、合計50冊の本が紹介されている。

単行本発売当時の2015年までの選書で時間が経っているが、どれも本質が描かれていて、古びることのない良書を選んだつもりだ。

それでも、その後出版された書籍のうち、どうしてもここで紹介しておきたい2冊がある。ユヴァル・ノア・ハラリの『サピエンス全史』(河出書房新社・2016年)と『ホモ・デウス』(同・2018年)である。

教養書の最高峰ではないかと考えるので、後者の書評で本稿を締めよう。

読者の脳にある人類の過去と未来が、この2冊によって再編集されることだろう。あなたの脳に「ユヴァル脳」を組み込んで、コロナ災禍後の混沌とした世界を眺めると、必ずや違った見え方が、動画のように現れるのではないだろうか。

『ホモ・デウス』ユヴァル・ノア・ハラリ著

恐ろしい本である。

『サピエンス全史』で人類が生まれてからこのかた、どのように「意識」を進化させたかを描き、今度は、これから人類が辿る道を予言している。例によって、ウィットとユーモアのある読みやすい文章でだ。

だから、もし中高生に2冊だけ、3年ずつかけて学ぶ教科書を挙げよと言われたら、私は躊躇なく『サピエンス全史』と『ホモ・デウス』を推すだろう。

結論からすると、グローバルなネットワーク社会とAIと生物工学が結びついて、人間がますます判断をそちらに委ねるようになると、やがて人間の意味が消える。ホモ・サピエンスはその役割を終え、消滅してデウス（神）になるという。神になるとは言い得て妙だが、遠慮なく言えば、生きたまま死んだような状態に移行するのだろう。思考を完全にクラウド上のAIに委ねることで。

著者は遠慮ない。「自動車が馬車に取って代わった時、私たちは馬をアップグレードしたりせず、引退させた。ホモ・サピエンスについても同じことをする時が来ているのかもしれない。」のだと。

古代の農耕社会では死因の15％が人間の暴力だった。それが21世紀には1％に。２０１２年には世界中で５６００万人の人が死んだが、人間の暴力によるものは62万人（戦争で12万人、犯罪で50万人）、自殺の方が多くて80万人。糖尿病では１５０万人が亡くなっているから、もはや砂糖の方が火薬より危険なのだとも述べる。

このように、これまでは歴史的に「飢饉」と「疫病」と「戦争」を克服するのが人類の命題だった。だが、これらはほぼ克服しえたと理解していい。

次に、人類が求める命題は、「不死」と「至福」と「神性の獲得」だ。

神性の獲得とは、人間がアップグレードして神を目指すことを言う。

つまり、死なないこと、至福の時を過ごすこと（ドラッグに頼ると頼らないとにかかわらず）、そして神のようになることを人間は希求するだろうと著者は述べている。そのために役に立つのが、グローバルネットワークとＡＩと生物工学技術であり、その発展はもう始まっているから止めることはできない。

わかりやすい例は、グーグルのＮＡＶＩアプリだ。自分の位置情報を教えて、どの道を行けばいいかが一目でわかる。しかも、同じように情報を与えているドライバーがいっぱいいるから、リアルタイムで渋滞や混雑状況がわかる。個人のデータの集積とＡＩによる分析がグーグルに神を宿す。そのうち、人生の大事な選択、例えば仕事や結婚や住宅についても、個人から吸い上げたリアルなデータをＡＩが分析した結果を、お告げとしてほしい人で溢れかえるだろう。

データ至上主義という宗教の信者が増え、人間が面倒な判断をしていた道を明け渡せば、むしろＡＩネットワーク側が主体となり、人間がいる必要はなくなる。

言い方を変えれば、ホモ・サピエンスが進化して個人個人が情報のかけらとなり、ネットワークに溶け込んでいくことで、ホモ・デウスの「神」と化すのだ。

落合陽一さんの言説にも近く、十分説得力がある。

上下巻だが、下巻の中盤に、私が『10年後、君に仕事はあるのか？』(ダイヤモンド社)に記したり、たびたび講演で語ったりしている例がそのまま出没するのも興味深い。日本の例も繰り返し出てくるので、その意味でも読みやすい予言書である。

最後に、グーグルに神が宿る日は確実にくると思うが、それで「意識」が宿るかどうかは怪しい。著者はこの点のみが人類の救いかもしれないと言い残している。

二〇二〇年三月

藤原　和博

付録　藤原和博の「これだけは読んでほしい」と思う本・50冊

ビジネスパーソンに読んでほしい14冊

才能や資質を見つめ直すために

『天才!
成功する人々の法則』
マルコム・グラッドウェル著／
勝間和代訳（講談社）

この本は、本書でも触れたが、もう少し詳しく紹介したい。

人材開発に関わるすべてのビジネスパーソン、経営者、起業家、ならびに学校の先生や教育に関心のあるすべての教育関係者が読むべき1冊だと確信している。学生にも読んでほしい。それくらい重要なメッセージをふくんでいる。

ひと言で言えば、天才は、1万時間以上の練習量を積んで才能を発揮するのであって、生まれつきの資質によるものではないというのが著者の主張である。

個性とか資質は、もともとあったものではなく、環境やコミュニティのなかで揉まれ、育まれ、蓄積されるものであるということ。だから、個性を伸ばすとよく言うが、それは、はじめから個人のなかにあったものを発掘する行為ではないということだ。

この真理を、著者はさまざまな実例を挙げて証明して見せてくれる。

だから、この本を読むと、可能性が開け

てくる気がする。少なくとも、1万時間の練習量を経れば、だれでも（どんなに学力が低くても、覚えが悪くても、手先が器用でなくても、奥手でも）、1つの分野をマスターすることは可能なのだ、と。

モーツァルトもビートルズも、ビル・ゲイツもスティーブ・ジョブズも、その時代と環境に加え、1万時間以上の練習を可能にする機会が与えられたから、そうなったということ。要は、練習量ということだ。

もちろん、練習を面白いと感じられる才能があるか、練習を続けられる忍耐力もしくは集中力があるかどうか、は問われることになるのだが。

組織と個人の関係を再考するために

『ピーターの法則
創造的無能のすすめ』
L・J・ピーター、レイモンド・ハル著／渡辺伸也訳
（ダイヤモンド社）

「階層社会学」という新しい言葉を生み出した1冊。

著者のピーター博士は「階層社会においては、すべての人は昇進を重ね、あらゆる組織は無能化する」と喝破《かっぱ》した。そして、組織にあっていつも創造的であるためには、昇進という誘惑を断って、適度な無能を演じるべきだと説いている。

※本書の本文P106で詳しく触れています。

自分のビジネスを振り返るために

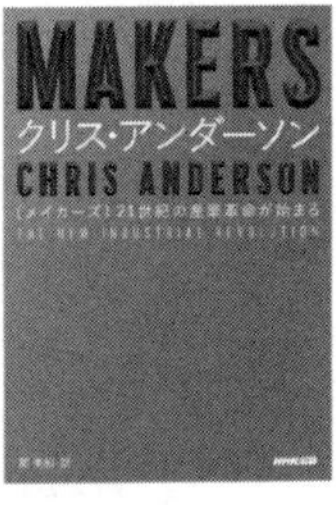

『MAKERS 21世紀の産業革命が始まる』
クリス・アンダーソン著／関美和訳（NHK出版）

著者のクリス・アンダーソンは、『フリー』（ＮＨＫ出版）や『ロングテール』（早川書房）のベストセラーでも名高い元『ワイヤード』編集長。近年、無人飛行機の製造キットを販売するオープンハードウェア会社「３Ｄロボティクス」を立ち上げ、数億ドル企業に成長させてもいる。『ＭＡＫＥＲＳ』は２０１２年に出版されたが、この本は「３Ｄプリンター」を広く日本に紹介したものだと思われている。

だが、この本の本質は、そんなものではない。

私は、産業界（あるいは広く世界といってもいい）と人材（広く人間といってもいい）の新しい関係性を示した本だととらえている。ネットというものが世界と人間をどう変えていくかを示した予言書でもあるという意味だ。

端的にそれを示す部分があるので、少し長くなるが、引用する。

「もし、20年前にワイヤード誌の編集長が航空ロボティクスの会社を始めようとしたら、ティファナ出身の高卒の若者と組むことなどありえただろうか？（中略）いい学校を出ているからというだけで、知らない相手と組むほうがよっぽど危ないだろう。（中略）ウェブのおかげで、人は教育や経歴にかかわらず、能力を証明することができる。そして、こうした非公式の組織（筆者注：ネット上のコミュニティのことを指す）には地理的な制約がほとんどない。才能ある人材はどこにいてもいいし、組織のために引っ越す必要もない」

「フルネームはジョルディ・ムノス・バルデラス。はじめて投稿したときは19歳だった。（中略）今日、ジョルディはサンディエゴに最先端の工場を持つ（中略）3Dロボティクス社の最高経営責任者（CEO）だ。いま現在、まだ24歳という若さである」

「彼はアメリカ生まれではなく、英語もそれほど上手ではなく、学業優秀でもなかったが、インターネットにはアクセスできた。好奇心とやる気のあるその若者は、史上最高の情報源を利用して、独学で世界最先端の航空ロボティクス専門家になった。彼はただ自分の情熱に従っていただけだが、その過程で『グーグル博士号』ともいえる知識を身につけたのだった」

ネットを使ったコミュニティが、縦横無尽に必要な人と機能を結びつけて「メイカーズ（生産者）」になれてしまう無限の可能性を示している。

『ジェフ・ベゾス 果てなき野望』
ブラッド・ストーン著／井口耕二訳／滑川海彦解説（日経BP社）

アマゾン創業者ジェフ・ベゾス氏の実像に迫る、生い立ちから現在までを追った傑作ノンフィクション。

買い物や読書の習慣を大きく変えてしまったアマゾンだが、その「顧客第一主義」

を貫く姿勢には驚嘆する。

※本書の本文P90で詳しく触れています。

『ジョナサン・アイブ』
リーアンダー・ケイニー著
／関美和訳（日経BP社）

ちょっとしつこいくらい細かい描写が続き、途中で放り出そうとも思った。が、我慢して読了すると、iMacからiPod、iBook、iPhone、iPadが決してスティーブ・ジョブズの作品ではなく、ジョナサン・アイブを中心とした（十分にオタクで「変わり者」ともいえる）チームの作品であることがわかる。

しかも、絵で描くだけのデザインではなく、どうつくるか、どうガラスと金属を独自の方法で組み合わせるかという生産技術に踏み込んで、工場の生産設備の設計までをコントロールするこだわりようだ。

さらに私にとっては、彼の父親がイギリスのある地方で校長を経て教育長になった人物だったことが興味深かった。

父親の方針によって「デザイン教育」「感性教育」を重視した教育政策が打たれ、その果実として、世界中に「スマホ」という新しい世界観を生み出した息子・ジョナサンが生み出されたという教育的な意味での読み方もできたからだ。

将来を予測するために

『第五の権力 Googleには見えている未来』
エリック・シュミット、ジャレッド・コーエン著／櫻井祐子訳
（ダイヤモンド社）

グーグル会長のエリック・シュミットによる初の著書。

２０２５年世界80億人がオンラインでつながる世界で、個人、社会、国家、戦争やテロはどうなるかが鮮明に描かれている。
※本書の本文P93で詳しく触れています。

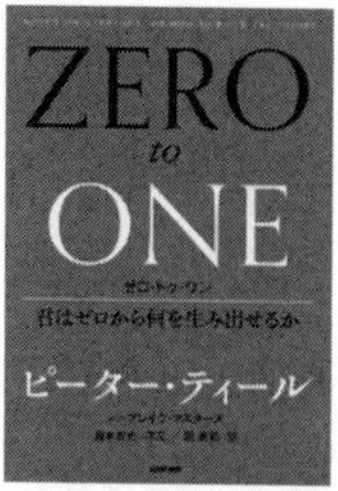

『ゼロ・トゥ・ワン 君はゼロから何を生み出せるか』
ピーター・ティール、ブレイク・マスターズ著／関美和訳／瀧本哲史序文（NHK出版）

ちょっと読みにくい部分もあるのだが、私はこの本の著者であるピーター・ティールという人物が、いまアメリカの起業家集団（PayPalマフィア）の神様なのだと聞かされていた。

YouTube、テスラ・モーターズ、リンクトイン、スペースX……。だれから聞いたかというと、和田中学校の出身で英国ボーディングスクールで学び、ＴＥＤでもプレゼンして、いまブレイク中の牧浦土雅《どが》くんである。

土雅くんは、20歳以下の天才的な活動をしている20人を毎年招聘《しょうへい》しているピーター・ティールのセッションに史上初で日本からたった一人選ばれて参加した。アップルの社長のティム・クックが懐刀にしている14歳の天才プログラマーなど、とんでもないヤツらが世界中から（しかも毎年20人ずつ）集められ、奨学金や起業資金を渡されているという。

セッションでは、この本のなかにも書いてある「世界に関する命題のうち、多くの人が真でないとしているが、君だけが真だと考えているものは何か？」を問いつめる。起業家集団の神様、ピーター・ティールは「他の誰にもできない、あなたのミッションは何か？」を問う教祖なのだともいえる。

資本主義の次をイメージするために

『貧困のない世界を創る』
ムハマド・ユヌス著／
猪熊弘子訳（早川書房）

読者のなかで「マイクロクレジット」「ソーシャルビジネス」「ムハマド・ユヌス」の3つの単語が1つもピンとこない方はちょっとそれはヤバイですよ、と遠慮なく申し上げようと思う。

著者のユヌス氏は、2006年にノーベル平和賞を受賞したバングラデシュのグラミン銀行総裁。社会起業家の範となる人物だ。私がこの本を強く薦めたいのは、資本主義の次の可能性を示していると考えるからだ。

世は「好況、不況」と揺れているが、本書にも書いてきたように私には日本がすでに成熟社会に入り、発展途上国型の大量消費が終結するのだろうとみえる。バラク・オバマ米大統領（当時）も「子どもじみた消費社会から、大人としての責任の時代へ」というメッセージを打ち出した。米国も資本主義の先にあるものを模索しているのだ。

「世界は、貧しい人々は融資に値しないと信じさせられている。私はこの仮定を変えることが、貧困問題を解決するために必要な第一歩であると確信するようになった」

そこでユヌス氏は、バングラデシュで働く貧しい女性に、隣組的な連帯責任で小口融資する銀行を創設した。これが「マイクロクレジット」である。

このネットワークは携帯電話の〝また貸しビジネス〟にも利用され、手工芸品の販売など、主に女性を自営業者として自立させるために貢献している。

「ソーシャルビジネスは、資本主義システムの失われた断片である。その導入により、現在主流となっているビジネスの考え方の外に残された非常に大きな世界的問題に取り組む力が資本主義に備わり、そのシステムを救うかもしれない」

著者はその好例として、グラミン銀行と世界的な食品メーカー・仏ダノンとの新しい食品開発プロジェクトを挙げる。極貧の家庭でも手が届く価格で、栄養価の高いヨーグルトを、微生物によって分解される環境に優しい容器に入れて販売した。この事業は利益を上げている。しかし、投資家への配当はない。すべての利益は開発と再生産に回される。極めて現実的な予言の書だ。

『それをお金で買いますか』
マイケル・サンデル著／鬼澤忍訳(早川書房)

ベストセラー『これからの「正義」の話をしよう』（早川書房）でも知られ、テレビ番組「ハーバード白熱教室」の「正義とは何か?」で日本中の大人の価値観を揺るがしたハーバード大学・サンデル教授の問いかけがタイトルになっている。

サンデル教授が問いかける「それをお金で買いますか」には、次のようなケースが採り上げられている。

1　行列に並ばないファストトラックにお金を払う（1章）
2　お金を払ってサイを狩り、セイウチを撃つ（2章）
3　ネットで結婚式の挨拶（式辞）を買う（3章）
4　名誉を買う（4章）
5　カラダを広告スペースにして企業に売る（5章）

そして、問いかけの背景は、サンデル教授の次の表現に端的に表れている。

「私たちは、あらゆるものがカネで取引される時代に生きている。民間会社が戦争を請け負い、臓器が売買され、公共施設の命名権がオークションにかけられる」

明らかに不道徳と思われるケースから、

チャンスがあればけっこうやってしまうだろうなというケースまで、さまざまだ。

あくまで自分の道徳律（ドクトリン）に従っていいのだから判断はそれぞれだろう。

資本主義の原則からすれば、双方にメリットがあれば何でも売買していいということになるのだが、「ホントにそうか？」という疑問は、大人だけでなく、子どもとも考えたい課題である。

たとえば、ハンバーガー会社が「子どもたちのほっぺたを広告スペースとして貸してくれたら1日100円出しましょう」と言ってきたら、子どもはどう答えるだろう。

あるいは、テストの成績が上がるごとに小遣いを上げていくことはやっていいことなのだろうか？

「1000円あったら買いたいものは？」「1万円あったら？」「10万円だったら？」と、子どもたちに聞いてみる。そして、「じゃあ、お金で買えないものってある？」と質問する。

「愛」とか「友情」とか抽象的な言葉が発せられるかもしれないが、「愛や友情もお金で買える！　って言ってる人もいるよ」とわざと指摘して混乱させてみる。「勉強しなさい」という声がけではなく、食卓でこんなふうに既成概念を揺るがす「よのなか科」的なディベートをしてみるのも、時にはよいのでは。

サンデル教授の特別講座は、リクルートの人気サイト「スタディサプリ」に未来の教育講座としてアップされた。私の「よのなか科」も公開されているが、非常に魅力的なオンライン講座なので、合わせてご覧いただきたい。

新しい働き方を編み出すために

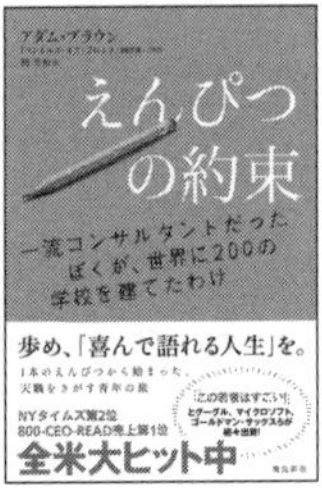

『えんぴつの約束
一流コンサルタントだった
ぼくが、世界に200の学校
を建てたわけ』
アダム・ブラウン著／関美和訳
（飛鳥新社）

学校をつくるＮＧＯ誕生物語。アメリカという社会の、英語圏のシステムの強みがよくわかる。

日本では、私が２０１５年から全面的に支援することにしたＡＥＦＡ（アジア教育友好協会）がこの15年間にベトナムとラオス、タイ、中国、スリランカに３００校の学校をつくっているが、『えんぴつの約束』のアダム・ブラウンは、26歳からの数年間でアッという間に、同じことを成し遂げてしまっているのだ。

しかも、加速度的にその実積は上り調子。運営のよさがどうかは確かめていないからわからないが、日本発のＡＥＦＡにとって、よきライバルになるだろう。

『「最高の授業」を世界の
果てまで届けよう』
税所篤快著（飛鳥新社）

著者の税所篤快《さいしょあつよし》くんは、社会起業家の元祖でノーベル平和賞受賞ムハマド・ユヌス氏の弟子。バングラデシュでビデオ授業を開発し、最貧地域の高校生を最難関ダッカ大学へ入学させた。

この本は、偏差値28の足立区の落ちこぼれだった著者が大学在学中にバングラデシュで起こした奇跡を描いた彼のデビュー作『前へ！前へ！前へ！』（木楽舎）の続編である。

前作は、農村地区の貧困層の高校生を動機づけて、バングラデシュの東大、ダッカ大学に合格させてしまうまでのドキュメント。自分がかつてお世話になった東進ハイスクール方式を応用し、有名予備校講師の授業をビデオ撮影して受験勉強させた。

バングラデシュ版「ドラゴン桜」とも呼ばれ、今日まで語り継がれている（それから3年連続合格者を出し、国公立校に大量の合格者を増産したため現地では大騒ぎになっているようだ）。

その後、貧困だが志のある高校生を動機づけ、勇気づけ、ビデオによる教材を届けて、その国の一流大学（東大や京大にあたる大学）に受からせるミッションを彼のチームは五大陸で展開するようになるのだが……そこから先の詳しいことは、この本を読んでみてほしい。

なぜ、そんなことを日本人が仕掛けるのか？　部外者がやらなくても、その国の文部科学政策で当たり前に取り組むべきじゃあないか。そう読者が思うのは当然だ。

だから、私も彼とはじめて出会ったとき、それを確かめたいと思い、バングラデシュに入って、彼のやっていることを直接視察してきた。

まず、発展途上国の都市部の金持ちは、一般の銀行員の年収の何倍もかかる予備校に息子を通わせてトップの大学に入れる。

ところがその後留学すると往々にして祖国に帰って来ないという事情がある。帰って来れば、今度は政府高官に据えようとするのだが、それでは国のシステムを知り抜いた強いリーダーが出てこない。農村や漁村の現場がいかに貧困に苦しんでいるか、まったく知らないからだ。

　だから、税所くんの取り組みは草の根から国を動かすイノベータを輩出する近道かもしれない、と現地も認めるわけだ。

　ちょうど、明治維新を推し進めた日本のリーダーが貧しい農家出身の田舎侍だったように。戦後東大を目指したのも、階層の一発逆転を狙う地方の志ある学生たちだったように。

『心が喜ぶ働き方を見つけよう』立花貴著（大和書房）

　著者の立花貴くんは、東日本大震災を機に、ビジネスマンから、宮城県石巻市雄勝町で新しい漁業や街づくりに取り組む事業家兼漁師に転身した。『「最高の授業」を世界の果てまで届けよう』の著者・税所くんと立花くんには共通点がある。

　カラダの内から沸き出るミッションに突き動かされて仕事をしていること。決して自己犠牲ではなく、足りないことばかりの状況でも悲壮感はない。むしろ楽しんでいること。そして、そのことで仲間が集まってくること。プラスの波動があるからだ。

じつは彼らだけでなく、バングラデシュと石巻には世界中から優秀な頭脳が集まり、貧困の解決や被災地の現実的復興にさまざまな知恵と力が噴出している。

なぜか？

私は、どちらの世界にも巨大な欠落（ブラックホール）がある（あるいは起こった）ことで、エネルギーが渦巻き、情念が流れ込んでくるからだと考えている。

巨大な欠落は、私たち人間に知恵を出すことを要求する。正解のないドラマが日常的に生み出される。何より教育的であり、人がそこで起こる問題を試行錯誤するとき、だれよりも成長することが約束される。

だから、私は、石巻＝バングラデシュの両方の頭文字をとって、両者を「ＩＢリーグ」と名づけた（アメリカの「ＩＶリーグ」ではない）。どこよりも人が育成される場所として、大学に行くより成長でき、人脈もできる場所として。

立花くんはその後、雄勝の旧・桑浜小学校跡地を教育施設として再生するプロジェクトを手がけた。

クラウドファンディングで資金を集め、２０１５年「ＭＯＲＩＵＭＩＵＳ（モリウミアス）」として開校し、代表理事となっている。

仕事と人生を見つめ直すために

『35歳の教科書
今から始める戦略的
人生計画』
藤原和博著（幻冬舎文庫）

「自分のまわりに、まともな大人がいない」と思ったことはないだろうか？

もし、そう思ったとしたら、あなたの感覚は間違っていない。逆に、「こんな大人にはなりたくない」と思ったことのほうが多いかもしれない。

それもそのはず、現在はモデル不在の時代だからだ。これからの時代を生きていく正解を示してくれるロールモデルが見あたらない。

ならば、自らで何らかの指針を持って生きていくしかないだろう。

そんな生き方の指針として、私はこの本のサブタイトル「今から始める戦略的人生計画」にもある「戦略」が人生には必要だと考えている。では、どんな戦略か。

「40代から自分のテーマを掲げてビジョンを続々と形にすることが人生の醍醐味だ」

40代で花を咲かせるためにはじっくり養分を吸収し、技術を蓄積し、必要な人脈とネットワークをつくっておくこと。できれば、自由に動けるだけの経済的な基盤や家族との社会的ベースもつくっておきたい。

この本のタイトルにある「35歳」は、そんな人生のクライマックスの開幕戦を控え、そろそろ本気で準備にとりかかる必要があるだろう。足りない要素があるのならば、早めにこの本でチェックしておこう。

また、本書でも繰り返し述べてきた「成長社会」から「成熟社会」に入って人生を支配する「ルール」が変わったことについて、私のこれまでの経験をもとに、本格的に解いた1冊でもある。

次に挙げる『坂の上の坂』よりも、より若い世代に読みやすいと評判の1冊。

『坂の上の坂
30代から始めておきたい
55のこと』
藤原和博著（ポプラ文庫）

司馬遼太郎さんの名作の1つに小説『坂の上の雲』（文春文庫）がある。明治維新から日露戦争の時代の心意気を、見事に描いた作品で、多くの経営者からも座右の書として名前が挙がる。大きな志を持って、新しい時代を生き抜く主人公たちの青春物語に惹きつけられるのだろう。

『坂の上の雲』の時代、人々の先にはロマンがあった。夢があった。そして、目の前の坂の上には、見上げる「雲」があった。

もちろん、現代にも、ロマンも、夢も、見上げる雲もある。だが、日露戦争を戦った時代と大きく違うことがある。

それは、平均寿命だ。

日露戦争のころの平均寿命はいまの半分。兵役を果たすなり、家業を継ぐなりして、夢中で仕事をしていたら隠居の時期を迎え、やがて死を迎えた。言ってみれば、「雲」を眺めたまま走り続けていたら、余計なことを考える必要もなく、あっさりと人生をまっとうできたのだ。

いっぽう、現代ではどうか。

60歳から65歳で仕事をリタイヤしても、死ぬまでの時間は平均寿命を考えても20年、30年とまだまだ相当にある。とすると、「坂の上」で待ち構えているのは「雲」ではなく、次の新たな「坂」ではないかと、私は思うようになった。

「坂の上のさらなる上り坂」は、ビートルズが歌った「ザ・ロング・アンド・ワインディング・ロード」かもしれない。だが、その長くて曲がりくねった道を、楽しく歩いて行くこともできるはずだ。

この本では、そんな「坂の上の坂」を登るために必要な準備や心構え、50代からの30年間をどう過ごすのかを解説している。

まず「人生のエネルギーカーブ」を描いてみることで、複数の裾野を持つ複線的人生観の大切さを説いている。

その準備の如何で、ますます「上り調子になる人」と、惰性のまま下り続けて「落ち目」を迎える人の大きな差が出てしまう。先行きが見えない時代に、老後に迫りくる「不安」という名の霞《かすみ》が晴れてくるロングセラー。

この本の文庫版には、経営コンサルタントの神田昌典氏、グロービス代表の堀義人氏から解説が寄せられたので紹介したい(以下、一部抜粋)。

「(この本を読むことで)世界の変化に振り回されるのではなく、自分自身が世界の変化となる―そういう静かなる決意が、耳を澄ませば、あなたの中で音を奏で始めているのである」

(神田昌典)

「今は、乱世に入った。自分の頭で考え、正しいと思うことを果敢に行動に移し、適宜軌道修正しながら進んでいくことが必要になる。それはまさに、藤原さんが本書で提案する生き方が現実的に必要になっていることにほかならない」

（堀義人）

学校では教わらない現代史を学ぶ10冊

教わらなかった戦争のこと

まず、基本図書として、3冊を挙げる。

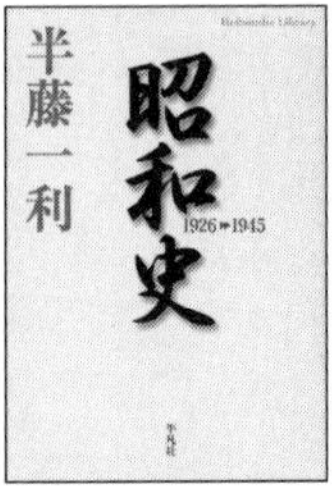

『昭和史1926-1945』
『昭和史1945-1989』
半藤一利著（平凡社）
※書影は『昭和史1926-1945』

私には学校で現代史をきちんと教わった記憶がない。戦後生まれの世代はみなそうだろう。

「なぜ、どのようにして太平洋戦争が始まったのか」「なぜ日本人だけで300万人以上が亡くなり、広島、長崎に原爆が投下されるまで戦争を止められなかったのか」と子どもたちに問われても答えるすべがない。ましてや、「戦前と戦後の天皇制の変化と天皇の役割は」などと外国人に質問されても、ほとんどの大人は口を閉ざすしかないだろう。

この本は、昭和史を学び直す格好の教材だ。著者は『週刊文春』『文藝春秋』の編集長を歴任した歴史小説家。『昭和史1926－1945』と『昭和史1945－1989』で約1200ページもあるのだが、授業のように語り起こしているので一気に読める。

なぜ昭和史を学校で教えないのか。

昭和6（1931）年に満州事変が起こり、たった5年で「2・26事件」、「日独防共協定」、「大日本帝国」の呼称決定、中国で「抗日民族統一戦線」が誕生し、戦争への流れが決定的になる。一般に関東軍（陸軍）の暴走との理解がされ、海軍はみな反対だったかのような印象があるが、実際はそう単純ではない。

著者が明らかにするのは、同時多発的に進行する事実と、戦争遂行派が反対派を抑える人事の妙だ。これを教科書と黒板で教えるのは難しい。さらに解釈が分かれる部分も多く、入試で出題されにくいことも影響している。入試に出ない歴史は学ばれないという悪循環だ。

実際に、日本史は中学、高校でも教えるが、織田信長、豊臣秀吉、徳川家康の時代や、司馬遼太郎さんが描く幕末の坂本龍馬、西郷隆盛や『坂の上の雲』の登場人物のほうが面白いから、いつも現代史は3学期の最後で時間切れになる。

私の父は大正14（1925）年生まれで、海運会社の通信士として働いていて徴用された。乗っていた船が魚雷で沈められたものの九死に一生を得る。しかし父もまた語りたがらなかった。

戦後編でも、たった5年の間に今日の日本という国の形が決まったことに驚く。

通読して強く感じるのは、やはり「人事」が組織を動かし、世の中を動かしていくという事実である。

『日本の戦争力』
小川和久著／
聞き手坂本衛（新潮文庫）

日本の自衛力、戦闘能力はいったいどれほどのものなのか？

ジャーナリストの坂本衛氏が「自衛隊の実力は？」「日本国内でもテロは起きるか？」「北朝鮮の特殊部隊の実力は？」という素朴な質問を、事実とデータに基づいた解説で定評のある軍事アナリスト・小川和久氏にインタビューする形でまとめた本。

小川氏の経歴も面白い。中学卒業後、陸上自衛隊に入隊。同航空学校修了後、同志社大学神学部に入学し、中退後、軍事アナリストに。まえがきにこうある。

「日本には十分な『戦争力』が備わっている。（中略）日本がそれを行使できていないのは、国民が自分たちの力に気づいていない結果にほかならない。（中略）その意味で、本書は『戦わずして勝つ』、つまり『血を流さずに勝つ』ための極意について、読者とともに考えようという試みでもある」

なぜ、戦わずして勝たなければならないのか？

自衛隊は、水泳だけが世界トップレベルで、あとはパッとしないトライアスロン選手のようなアンバランスな存在で、そもそも他国を侵略できる構造になっていないという。ちなみに、ここで水泳に比喩されるほど世界最高水準なのは、海上自衛隊の対潜水艦戦能力と掃海能力。両腕だけは筋トレで徹底的に鍛え上げてあるのに、下半身はまったく手つかずで細く弱々しい姿とも。「侵略できる構造になっていない」事実を著者は次のように解説する。仮に朝鮮半島を攻めるとすれば、50万人~100万人の陸軍を敵前上陸させなければならない。そのためには制空権を取る必要があるから、3000機程度の戦闘機がいる。

数だけそろえてもダメで、システムを機能させるためには数十機のAWACS（空中警戒管制機）と空中給油機100機程度が必要だが、日本にはAWACSが4機、給油機が配備予定を含めて4機（当時）。

だから「本格的な海外派兵をしたり、戦力を投入して外国を占領できる構造を持つ軍事力ではありません」と結論づける。

米国にとっての日本の重要性についても歯切れがよい。米軍が日本に置いている燃料は、米東海岸に次いで第2位の備蓄量の神奈川・鶴見をはじめ、第3位の長崎・佐世保、そして青森・八戸の3か所で1107万バレル（当時）。これは第7艦隊を半年間戦闘行動させることができる量であり、仮にこれを海上自衛隊が使うと優に2年間は活動できる。それほど重要なのだ。

右も左もない。ノンポリを決めるビジネスパーソンも憲法や自衛隊を感情論でなく語るために教養を磨こう。

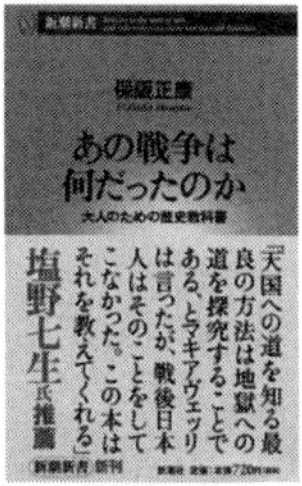

『あの戦争は何だったのか　大人のための歴史教科書』
保阪正康（新潮新書）

バランスのとれた戦争本。近現代史に疎い世代に必要な知識がコンパクトにまとめられている。

なぜ疎いのか？　ここも同じ答えになるが、学校で教えられていないからである。

だから、この本を読むと、多くの読者が従来とは違った戦争観を持つに違いない。少なくとも私には、次のような記述は新鮮だった。

「首相に就いた東條が、企画院に命じて行わせた必要物資の調査では、海軍省も軍令部もその正確な数字を教えなかった。（中略）その会議での調査報告では、その当の石油の備蓄量は、『二年も持たない』との結論であった。結局、それが、直接の開戦の理由となった。しかし、実は、日本には石油はあったのだ」

「『戦術』はあっても『戦略』はない。これこそ太平洋戦争での日本の致命的な欠陥であった。しかし、思うに『日露戦争』までの日本には、『戦略』がきちんとあった。引き際を知り、軍部だけ暴走するようなこともなく、政治も一体となって機能していた。国民から石を投げられてでも、講和を結びにいくような大局に立てる目を持つ指導者がいた」

「このポツダム宣言に関して、一つ大きな問題が判明した。（中略）鈴木（貫太郎首相）はあくまで〝判断を保留する〟という意味で『黙殺』という言葉を使ったのだが、海外では〝ignore〟、『意図的に無視する』という風に訳されてしまったのである。（中略）トルーマン（米大統領）は、『これはチャンスだ』と思ったといわれている。トルーマンは、もう原爆実験の段階で、日本に原爆を使うことを決めていたのだ」

指導者のだれもが「なぜ戦っているのか？」という疑問を持たず、無為無策のまま戦争を続けていた、と著者は指摘する。

戦争の以前と以降とで、日本人の本質は何も変わっていないのではないか、とも。

「戦略」の欠如である。教育の現場にいた私も思う。創造性が大事だと言われて「ゆとり」教育が生まれた。やっぱり基礎学力だと反論されて「読み書きソロバン」に揺れ戻る。いったい、どんな日本人を戦略的に育てる気でいるのだろう?

日本はなぜ敗戦したのか

さらに、「なぜ敗戦したのか」と「戦後史の謎」そして「天皇制」については、次の3つがポイントになる。

(1)日本は太平洋戦争になぜ負けたのか?
資源に圧倒的に差があった/石油でやられた/レーダー技術と原爆
……では資源があったら勝てたのか?

(2)日本は、アメリカから独立/自立できているのか? できるのか?
このことと憲法改正問題とは強く結びついている。

(3)天皇制とは何なのか?
なんだかわかっていないのに、なんとなくリスペクトしている不思議。

少なくとも小中高校を通じて、こういう大事なことを教えてくれる先生はいなかった。この3つのテーマを、やさしく学べる良書に最近出合った。

『敗戦真相記』
永野護著(バジリコ)

なんと、昭和20年に廃墟広島で行なわれた公演の記録なのだが、ジャーナリストの間では有名で、近年になって復刻された。

中味は100ページと短く、文章が語り言葉で平易で、文字通り「目からウロコ」の内容だ。当時は政治的に人材が枯渇していた端境期であったことなど、「ああ、そうだったのか!」と。だまされたと思ってぜひ読んでみてほしい。1時間~2時間で読めると思う。

『戦後史の正体』
孫崎享著(創元社)

元外務省国際情報局長が最大のタブー「米国からの圧力」を軸に戦後70年を読み解くという意欲的な著作。高校生向けの教科書を書くつもりだったというだけあって、本来だったら固い内容なのに、すらすら読める。

とくに敗戦後、占領軍が入って来たときのエピソード。日本政府を抜きにして軍が直接統治するつもりだったことや、朝鮮戦争勃発までは日本の経済力を日本が支配したアジアの国々レベルにしなければならないと考え、工場を潰し生産力を奪っていったことなど、知っていたほうがよい事実が浮き彫りになる。

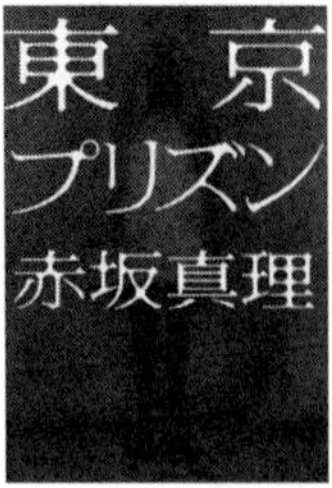

『東京プリズン』
赤坂真理著（河出文庫）

頭が混乱しながらも、通常日本人としてしっかり考えたことのないテーマを考える刺激が得られるはずだ。

研究書でも評論でもエッセイでもなく、小説なのがいい。16歳のマリが転校先のアメリカで、取得単位が足りない危機に。

落第しないためには「天皇の戦争責任について」ディベートしなければならないという窮地に立たされる。主人公マリの心象風景が独特のタッチで描かれるが、とくに宮崎駿監督の『もののけ姫』のファンには、森の王として登場する、あのニホンカモシカのような神の姿と「天皇」のイメージがかぶるかもしれない。

さらに戦争について理解を深める

『戦艦大和講義』
一ノ瀬俊也著（人文書院）

「戦艦大和」と「宇宙戦艦ヤマト」「ゴジラ」「沈黙の艦隊」そして「艦隊これくし

ょん」の関係性から、戦後を読み解く痛快本！

「戦争に関わる一切のものを否定し、自分を戦争の被害者、あるいはひそかな反戦家の立場に仕立てることによって、戦争との絶縁を図る風潮が戦後長い間（いや、いまでも）支配的なのはなぜか？」

　こうした疑問に軽快に答えてくれる。

　それは太平洋戦争の最後にもし本土決戦になれば、「一億総特攻」を覚悟で戦うはずであった日本人が、大和の犠牲（海軍兵力の壊滅）や原爆という（陸戦の意味がなくなるような）大量破壊兵器の登場によって全面降伏となり、結果的に生き残った恥を隠蔽《いんぺい》する意図だったというのだ。

　その亡霊たちへのうしろめたさを「なかったことにする」ために、何度も「大和」の物語が擬人化されて登場するのだ、と。

　アメリカ的なるものへのコンプレックスの裏返しが「宇宙戦艦ヤマト」での太平洋戦争のやり直しだったのだ、とも。

『海賊とよばれた男 上・下』
百田尚樹著（講談社文庫）

　この本は、第10回本屋大賞を受賞した。

　少なくとも近現代の戦争の原因は、ほぼ「石油」の利権を巡ってである。一見、政治的対立や宗教戦争のように見えるイスラエルと中東諸国の紛争も、イラク戦争も、太平洋戦争も。

　このノンフィクションノベルを小説のように楽しんで読むことで、そのことがよくわかる。教科書よりはるかにわかりやすく、なぜ、太平洋戦争が起こったのかも。

その石油を武器に変えて世界と闘った男がいた。出光興産の創業者・出光佐三だ。『永遠の0』（講談社）とともに、百田尚樹の傑作。合わせて読んでみてほしい。

『卑怯者の島』
小林よしのり著（小学館）

戦場の現実を知るノンフィクションに近いコミック。惨《むご》いが、見なければならないし、知らなければならない。

『オールド・テロリスト』
村上龍著（文藝春秋）

ありえる小説。『愛と幻想のファシズム』（講談社文庫）、『希望の国のエクソダス』（文春文庫）の流れを受け、奇想天外さとリアリティを結びつけている。社会全体に蔓延した「怒り」を集約した集団がもし、原発をターゲットにしたら……。

底辺からの教育改革

『いつか、すべての子供たちに』
ウェンディ・コップ著／東方雅美訳／渡邊奈々監修
（英治出版）

「何がしたいのかわからない… そんな若者たちが『熱血教師』に早変わり！」。本の帯（初版）にはこう書かれている。

著者は、全米の優秀な大学卒業生を環境が劣悪な公立校に2年間の臨時教員として送り込む非営利組織「ティーチ・フォー・アメリカ（TFA）」の代表。16年前、女子大生だった頃に一人で始めてから、今までに1万4000人を公立学校に派遣してきた。予算が少なく教育が行き届かない底辺校の学力向上への貢献が高く評価されている。

TFAの〝卒業生〟の7割弱は、校長になったり、教育委員会で働いたりするなど、教育現場で活躍している。新卒の就職先としても、TFAの人気は高い。2007年に米国の「理想の就職先」ランキングでトップ10入りした。新卒採用の数もマイクロソフト、P&Gといった米国の有力企業を上回る。米グーグルや複数の投資銀行は、優秀な学生がTFAに集まることに注目して、「2年間TFAで教職を経験した後に入社できる」という共同採用を始めた。

では、日本でスタートした「ティーチ・フォー・ジャパン（TFJ）」の課題は何か。まず教職資格を取らねばならないルールが邪魔をする。米国のように校長の裁量では採用できない。仮に非常勤の教師として採用したとしても、トップレベルの大学生が、それを望むのかが問題になる。企業の安定性が、就職人気ランキングの順位を左右する日本ではハードルが高いだろう。

いっぽう公立中学の校長を経験した私は、もっと多くの小中学校が、大学生を補習ボランティアとして、長期的かつ組織的に活用すべきだと考える。

米国の社会起業家に詳しい渡邊奈々氏が巻末に寄せる言葉を引用しよう。

「身の回りの社会の矛盾に気がついたとき、おそらく1000人のうち999人は、その矛盾を嘆き、不満を口にしながら生きつづける。そして、たった1人が『こうすれば変えられるのではないか…』と、頭の中に描かれた解決のビジョンに向かって前進する」

情熱と信念を持つ1人の人間の行動が、社会を変革する大きな力になる可能性は日本でも同じように存在する。

子ども部屋に机は不要？

『頭のよい子が育つ家』
四十万靖、渡邊朗子著
（文春文庫）

あざといタイトルである。

第1章には開成中学校に合格したBくんの家、麻布中学校に合格したDくんの家、桜蔭中学校に合格したGさんの家の間取り図が並ぶ。さては週刊誌がこぞって特集する中学受験ものの連載をタイミングよくまとめた本かと勘ぐって読んでみた。「合格組の子供部屋の秘密一挙公開！」なんて、いかにもありそうではないか。

ところが違った。すべての家族が注目すべき住居の本質が語られている本なのである。住居の総合コンサルタントと研究者による共著。200世帯に及ぶ子ども部屋を調査したうえで著者は強調する。

「有名中学受験に成功した子どもたちのほとんどが、子ども部屋の机で勉強をしていない」

私自身『人生の教科書［家づくり］』（ちくま文庫）の著書があり、3人の子どもの成長を見据えて家を建てた経験を持つ。

また、中学校の「よのなか科」の授業で「子ども部屋は必要か？」を保護者やハウスメーカーを交えてディベートした経験もある。だから、日本の家族が過度に欧米風個室主義の影響を受けて暮らしていること から目覚めるべきポイントが2つ、しっかり主張されていることに納得した。

1つ目は、本来日本の住居が持っていた「開放性」への回帰だ。隣の和室で勉強する子どもとリビング空間とを屏風で隔てている家族。視線は塞《ふさ》げられるが音は筒抜けでお互いの気配が感じられる。子どもはちゃぶ台を利用して勉強しているという。マンションに住むケースでは、ドアを閉めないルールにしている家族も登場する。

2つ目は、古民家でいえば囲炉裏《いろり》の効用

である。家族が集うコミュニケーションの場としての卓球台を置き、友だちを呼んだときの卓球大会だけでなく、食事の場にも勉強机にもしている家。同じようにリビングのテーブルを勉強机としながら、本棚もベッドも持ち込んでしまった子。さながらリビングにキャンプする感覚だろう。逆に、2人の子どもの共有部屋にちゃぶ台とテレビを持ち込んでリビング代わりにしている家族もいる。

　勉強部屋に閉じ込めれば勉強する、は誤りだ。コミュニケーションの復興は、教育界最大のテーマでもある。

　もっとも、例示されている11のケースを読めば、中学受験にはやはり母親の影響力が大きいということを思い知らされる。「頭のよい子が育つ家」というよりは、もっと広い意味で日本人の住生活の誤解を解く1冊。

「子が育つ家」ならば、親もまた育つ。

イマジネーションを広げる

『ペコロスの母の玉手箱』
岡野雄一著
（朝日新聞出版）

いま、認知症の親を介護されているすべての人、もしくは自分の物忘れがひどくなって、認知症を疑っているすべての人に……この漫画の威力を、体験してほしい。

　そうか、認知症というのは、単に記憶力が衰えていくのではなくて（そういうマイナス面だけでとらえるマスコミからの刷り込みが強いけれど）、過去と現在を自由に飛び交う能力を身につけることなのかもしれない。私は、そう思うようになった。

もちろん、日々介護する側にはとんでもなく厳しい現実があるのだが、著者の岡野さんは介護した母親の脳内で起こっている現象を想像して、かつてないほどに優しい目線で漫画にしている。

玉手箱のなかには、子どもになった母や、子どものころの岡野さんの手を引く母や、とっくに死んだ酒乱の夫と再会して懐かしむ母がいる。そうした過去の場面が入り乱れて「つながった」とんでもなく豊かな世界が広がっている。

まるで、瞬時に時間を超えて、過去のあらゆる場面をつなげる力が宿ったとでも言ったらいいのだろうか。

そういうふうにとらえてみると、私も自分自身の90歳になった父のあちこちの記憶が入り交じる話を、いちいち正そうという気にはならなくなった。不思議である。

案外、父の脳内では、母が心配するのとは裏腹に、豊かな時間を過ごしているのかもしれないな、と。

真実を見つめる

『ペテン師と天才 佐村河内事件の全貌』
神山典士著（文藝春秋）

クラシック界を揺るがした佐村河内事件

の全貌をあますところなく取材し、どうしてあのコンビが成立したのかの真相に迫る、第45回大宅壮一ノンフィクション賞受賞作。

　著者は、以前から知っているルポライターのひとりだが、丁寧に足で稼ぐ取材に、前からの取材対象が被害者になる偶然も重なって、関係者でなければ描けないノンフィクションに仕上がっている。

　あの佐村河内事件の真相が、痛いほどわかる。マスコミにはあまり出なかった、とんでもないペテン師側の裏事情も。私はこれを読んでから、あの「HIROSHIMA　ヒロシマ」という曲を聴き直した。

好きから仕事を選ぶ

『13歳のハローワーク』
村上龍著／はまのゆか絵
（幻冬舎）
※書影は『新 13歳のハローワーク』

「やられた！」と思った。中学生のための仕事の百科全書である。リクルートという仕事の紹介を本業とする会社で四半世紀。その後、公立中学校の校長に転身した。この本は、私が取り組まなければならない仕事ではなかったか。

　幻冬舎創立10周年記念事業とあったから、はじめは、何人ものデータマンが即席で整理したものを〝村上龍〟というブランドで売るのだろうと思った。半ば悔しさもあった。しかし、違った。データマンも使ったとは思うが、2年半かけて村上氏が自分のわからない分野を取材し、著者として丁寧に仕上げている。だから130万部を超えるヒットにつながった。

この本は花、動物、スポーツ、工作、テレビ、音楽、おしゃれ、料理と、さまざまな「好き」を入り口に514種類の職業を紹介したもの。たとえば「花や植物が好き」な子の場合、プラントハンター、フラワーデザイナー、華道教授、樹木医、グリーンキーパー、植物園職員、ランドスケープアーキテクトと将来できる仕事の紹介が続く。普通のお父さんが知らない職業も満載だ。

「〈いい学校を出て、いい会社に入れば安心〉という時代は終わりました」という殺し文句が帯に光ってもいるから、いい学校を出て、いい会社に勤めているお父さんにとっても、子どもに買って帰りたい1冊になったのだろう。

変わったところでは「舞妓・芸者」や「ストリッパー」もしっかりある。「舞妓」については、こんなふうに書いてある。

「中学校に通いながら修業することも可能だ。紹介先には保護者とともに面接に出向き、それぞれのOKが出たら、置屋に住み込み、仕込みと呼ばれる修業を始める。(中略)想像以上にハードな仕事なので、身体が丈夫なことは必要不可欠だ」

「作家」という仕事についての著者自身の表現も傑作。

「13歳から『作家になりたいんですが』と相談を受けたら、『作家は人に残された最後の職業で、本当になろうと思えばいつでもなれるので、とりあえず今はほかのことに目を向けたほうがいいですよ』とアドバイスすべきだろう」

医師、教師、新聞記者、官僚、科学者、経営者、ギャンブラー、風俗嬢や元犯罪者で服役後に作家になった人など作家への道は多いが、その逆はほとんどないからだ。

私が校長を務めた東京都杉並区立和田中学校では、すべての教室にこの本を置いた。だが漢字にルビは振っていないから、中学生には読みにくい。息子や娘のためにと言いながら、親が自らの仕事と人生を省《かえり》みて読む本でもあるのだろう。

不可能を可能にする

『奇跡のリンゴ「絶対不可能」を覆した農家 木村秋則の記録』
石川拓治著／NHK「プロフェッショナル仕事の流儀」制作班監修（幻冬舎文庫）

本書は、NHKの人気番組「プロフェッショナル　仕事の流儀」が生み出した本である。番組では紹介しきれなかった「奇跡のリンゴ」の生みの親、青森の農家・木村秋則さんの素顔をノンフィクションライターの石川拓治氏が見事にまとめた。

表紙にも「絶対不可能を覆した農家」との文字が躍るが、どこが「奇跡」なのか。番組ディレクターの柴田修平氏のまえがきにこうある。

「番組の冒頭は、東京・白金台のレストランのシーンで始まります。半年先まで予約でいっぱいの、知る人ぞ知る隠れ家レストラン。その看板メニューの1つが、『木村さんのリンゴのスープ』です。シェフの井口久和さんが、リンゴを刻みながらつぶやきます。『腐らないんですよね。生産者の魂がこもっているのか……』」

防腐剤ではない。不可能と言われた完全無農薬。自然のままのリンゴが、である。

「なぜ農薬も肥料も使わずにリンゴが実るのか、その科学的なメカニズムは明らかになっていません。確かなことは、木村さんの雑草の生い茂った畑には、多くの虫が息づき、カエルが卵を生み、鳥がさえずる。そこは本当に気持ちがいい場所です。リンゴの木にとっても、きっと同じだと思うのです」

ここまでに至る木村さんの壮絶な試行錯誤にはあえて触れず、1か所だけ切り取ってみる。リンゴの木を荒らす害虫との戦いに疲れきった木村さんが、リンゴ箱を軽トラックの荷台にくくりつける縄を手に、山を登っていくシーンがある。

「弘前の夜景が、随分奇麗だったな。なんで弘前ってこんなに奇麗なのかなって思った。7月の31日だから、下界ではちょうどねぷた祭りの前の晩だ。(中略)思い残すことなんて何もない。何日も風呂に入っていなくて、久しぶりに風呂に入った時のように、さっぱりした気分で岩木山を登っていったんだ」

この本の「あとがき」では、こう評されている。

「木村さんのリンゴは、『リンゴ本来』の味がする。(中略)まるで『味の彫刻品』のような感触が残る。(中略)薬漬けの無菌状態で、栄養剤を補給されている。それは、私たち文明人自身の姿ではないのか。木村さんが発見した『リンゴ本来の力』を引き出すノウハウは、私たちの生き方にも真っすぐにつながる。果たして、私たちは自らの内なる生命力をよみがえらせることができるのか?」

いま、何らかの理由で窮地に立つ人に、この「ニュートンよりもライト兄弟よりも、偉大な奇跡を成し遂げた男の物語」を手に取ってもらいたい。

異色の人生指南書

『手紙屋　僕の就職活動を変えた十通の手紙』
喜多川泰著
（ディスカヴァー・トゥエンティワン）

200万部を超えたベストセラー『夢をかなえるゾウ』（飛鳥新社）にも匹敵するほど「幸福と成功」の技術を優しく指南してくれる本である。「ゾウ」は関西弁を話すインドの神様という奇想天外な設定であったが、こちらは悩める若者に手紙を書くことを生業としている地味な手紙屋。

しかし、両者は、どことなく頼りない男の子が教えによって成長していく「育てゲー（ゲーム用語で『たまごっち』などの育成シミュレーションのこと）」仕立てという点で共通している。

著者は塾の先生だ。

私は35歳でメディアファクトリーという出版社の創業に関わってから、ベストセラーとなった「幸福と成功」の指南本にはたいてい目を通してきた。そのなかでも『手紙屋』は異色だ。

次の2つの教えにこの本の特徴が出る。

まず、著者は（手紙屋はと言うべきか）、人間同士の交流はすべて「物々交換」だということに気づきなさいと諭《さと》している。世界中のどこでも、私たちがほしいものを手に入れる方法は、それがモノであっても友情であっても「物々交換」であると。

「相手の持っているものの中で自分が欲しいものと、自分が持っているものの中で相手が欲しがるものとを、お互いがちょうどいいと思う量で交換している」

だから、お金で何かを買う場合でも、それは「相手の持っているもののなかで自分が欲しいものと、自分が持っているもののなかで相手が欲しがる〝お金〟とを、お互いがちょうどいいと思う量に交換している」と言うことができる。

小中学生にも教えてあげたいほど、明瞭な取引の定義である。

次に私が気に入ったのは、人は与えられた「称号」通りの人間になろうとするから、あなたが他人に前向きな「称号」を与えると、それ自体が世の中への貢献になるということ。「あなたのやっていることは、幕末の志士の誰々のようだ」とか「あなたは将来、こんなふうに大成するだろう」と、教え子や部下が勇気を持つような「たとえ」を使ってみる。

「相手にその称号を与え続けるだけで、あなたはその人の人生にとってなくてはならない存在になるのです。そしてあなたの与える称号も、ほかの人にとっては物々交換の対象になるのだということを忘れてはいけません」

部下を従えるマネジャーには、金言となるセリフだろう。

創造性を科学する

『脳と創造性
「この私」というクオリアへ』
茂木健一郎著
（PHP研究所）
※現在、電子版のみ入手可

脳が動きを止めたら「死」であるとされている。にもかかわらず、普段、私たちはそれほど意識することがない。無論、この「私」という意識も、新しいものを生み出す創造性も、この器官がつかさどる。21世紀中には、すべての創造を支配する脳の機能が解明されて、私たちはかつて「神」と呼ばれていたものに近づくのだろうか。

養老孟司氏はこの本の帯にこう記す。

「創造性は現代の中心問題であるのに、なにか暗黙の前提になっていて、誰も考えようとはしなかったが、茂木さんは脳の側から本気でその第一歩を踏み出した」

著者は脳科学者としてメディアでもよく登場し、「創造性」について次のように述べている。

「創造性の本質には、他者とのコミュニケーションが深く関わっている。（中略）『独創性は個人にしか宿らない』と断言したアインシュタインにおいてさえ、妻や友人たちと議論を積み重ねることが、その創造のプロセスに不可欠だったのだ」

創造は、個人の内部に起こると考えるより、コミュニケーションを通じて「他者との間に宿る」と考えたほうがよいと指摘する。

私たちが表現する行為を行なうとき、その表現を受けた他者からの反応が再び脳にフィードバックされる。

「私たちの脳のアーキテクチャーは、どうやら、外界へいったん出力して、それを感覚として入力することなしでは情報のループが閉じないようにできている」

ビジネスで新しい動きをつくろうとするとき、会議の場だけではなくメールやSNSを介して議論を深めるのが有効であることには、もはや疑いの余地はないだろう。

自分の意見を受け止めた相手の考えが「∧」マークのついた自分の発言の引用とともに返ってきたとき、「ああ、自分はこういう発言をしたんだな」という素直な思いとともに「自分の発言にはこういう意味もあったのか！」とあらためて気づくこともある。

この積み重ねが脳を活性化させる。

創造性の高い組織づくりを目指す会社には、構成員個人に対する、とってつけたような創造型リーダーシップ研修より、他者との日常的な対話技術を重視したコミュニケーション研修をやったほうが有効だということにも気づかせてくれる。私の古巣であるリクルートも、コミュニケーションの活性化を重視する会社だった。

「脳」という漢字の偏はカラダの部位を表

す肉月。つくりは、髪の毛の生えた頭部を指すという。そう言われれば、どこか芸術的な顔に見えないこともない。

中学生だけのための本ではない

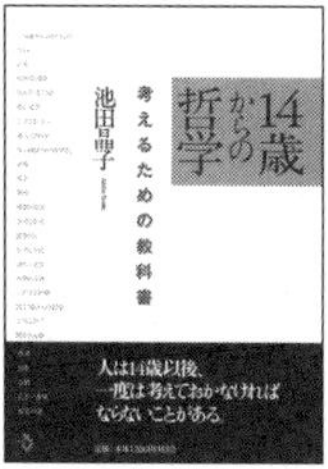

『14歳からの哲学
考えるための教科書』
池田晶子著（トランスビュー）

私は「14歳」というのが人生の大事な転機だということを疑わない。いつもそれを「〃子ども〃の終わりであり、〃大人〃の始まり」と表現している。

　昔でいえば元服して結婚し、一人前に戦場に臨んだ。15歳を過ぎれば、現代でも労働基準法で就労を許され、民法では氏の変更や遺言ができ、臓器のドナーになる権利が与えられている。少年法でも、ご存じの通り、14歳から刑罰が適用されることになった。

　この本は、中高生向けの哲学の教科書の体裁を取りつつ、「人は14歳以後、一度は考えておかなければならないことがある」と帯に警告している通り、ついうっかり大事なことを考えないでここまできてしまった大人たちに対して、思考回路を再起動させる鍵になるかもしれない。

　高校時代に、つまらない教師から「倫理・社会」を教わってソクラテスとプラトンとアリストテレスがごっちゃになっている人も、大学時代、哲学の試験に備えてデカルトとカントとヘーゲルの思想の違いを丸暗記するのに辟易《へきえき》した人も、もう、そうした偉人の言説におびえることはない。

哲学本にありがちな大量の引用を排し、すべて、読者にとって身近なことから考え始める機会が与えられているからだ。語り口も軽妙で、とっつきやすい。

「どうだろう、生きているということは素晴らしいと思っているだろうか。それとも、つまらないと思っているだろうか。あるいは、どちらなんだかよくわからない、なんとなく、これからどうなるのかなと思っている、多くはそんなところだろうか」

イチロー選手や宇多田ヒカルさんを例に挙げながら、「自分とはだれか」「死をどう考えるか」「他人とは何か」「恋愛と性」「仕事と生活」「人生の意味」「存在の謎」と話を進める。

著者の主張は明快だ。繰り返し次のように述べて「精神」の在り方の重要性を指摘する。

「精神が豊かであるということだけが、人生が豊かであるということの意味だからだ」

「精神であるというまさにそのことにおいて、自分とは人類、人類の歴史そのものじゃないだろうか」

「人が自分を精神であると、はっきり自覚するとき、そこには『内』も『外』もない壮大な眺めが開けることになるんだ」

中学生が「すべては精神だ」ということに納得してくれるかどうかはともかくとして、まず疑い、自分自身で考えることから始めようという趣旨には十分賛同できる。

さて、ビジネスパーソンなら、まず「市場が悪いから売れない」を疑ってみる必要がありそうだ。個人はお金を持っている。いま売れないのは、精神的な充足を得られていないからではないか、と。

「湯灌」というベンチャービジネス

『死体とご遺体
夫婦湯灌師と4000体の
出会い』
熊田紺也著（平凡社新書）

日常会話ではタブーになっている「逝《い》っちゃってからのこと」を描いた本。ただし「あの世」の話ではない。この世とあの世の狭間《はざま》で、私たちが受ける葬儀サービスのことだ。

著者は現役の「湯《ゆ》灌《かん》師」。遺体を沐浴《もくよく》させて洗い清める仕事をするプロである。もともとはテレビCMのプロダクションで制作を担当していたが、30代で独立後、バブル崩壊で倒産。借金返済のため、49歳からこの仕事に就いた。

「湯灌」といっても聞き慣れないかもしれない。仕事の段取りは、自然死のケースでは、ざっとこんな感じだ。

まず浴槽を喪家《そうか》の部屋に運び込み、遺体を清めるため、遺族に逆さ水をかけてもらう。爪切り、顔剃り、洗髪、洗顔をする。温水で全身を洗い流し、拭き上げる。着替えと旅化粧を施して安置する。

このプロセスを終えてはじめて「死体」は「ご遺体」になる。著者の場合、「エンジェルメークアップ」と呼ばれる死化粧の仕事はパートナーとして妻が担っている。

４０００体を洗い清めてきた著者が、その死の有り様から透かし見る社会への雑感が興味深い。

「私たちが扱うご遺体は、その約二割が自然死ではないもの、いわば特殊事例に属する。死因から見れば、事故死、自殺、殺人、行き倒れ、孤独死といったところだろうか。外国人の死者もこれに含まれる」

「家人全員が先に眠ってしまい、最後に風呂に入った方が亡くなった場合は、どうしても発見が遅れ、姿が変わってしまう結果になる。（中略）処置の第一は、水分の始末である。遺体は、たっぷりと水分を含んでいる。まずは、新聞紙を使う。遺体が崩れることのないよう、そっとくるむようにして全身に幾重にも巻き、水分を吸い取る」

1946年、京都生まれの著者は、団塊の世代に「湯灌師」としての第2の人生を呼びかける。この業界には、まだまだ人材が足りないらしい。なんだかんだ言っても死体処理というのは特殊な仕事だ。

「しかし、だからこそベンチャー・ビジネスとしてとらえてほしい——。第一に、参入者がまだ少ない業界である。第二に、設備はとりあえず車一台、パートナー一人で始められるのが良い。第三に、葬儀業界ではいまは（湯灌サービスは）オプションだが、やがて定番として定着するはずである。第四には、何より喪家に喜ばれる仕事なのだ」

うなずける。さすが元CMプランナー。そうか、ベンチャーだったのか！

次世代に何を託すか

『いのちのバトン』
志村季世恵著（岩崎書店）

こんな職業が本当にあるのだろうか、と読者は首を傾げるかもしれない。

著者は6歳から18歳までの4児の母なのだが、仕事として、生と死の両方のカウンセラーをやっている。

「バースセラピー」をやっていますと言われれば、マタニティーブルーという言葉を聞いたことのある人なら、出産前後のお母さんたちが精神的に不安定になるのを支えるセラピストかなと思うだろう。

ところが、著者の場合は、末期ガンの患者などの要望に応えて、臨終までそばにいて話を聴いたり、疎遠だった家族とのコミュニケーションの橋渡しをする役回りまで引き受ける。欧米ではよく知られた「悲嘆ケア」という領域の仕事だ。

死にゆく人のカウンセリングまでをも「バースセラピー」というのは、生まれ変わりを信じての宗教的な施術なのかと思いきや、そうではなくて、残された家族や友人への生のバトンタッチという意味での〝再生〟だった。

「いのちの誕生と死。どちらも両極端なところに存在しているのに、どこか、つながりがあることを感じています。死は終わりではない。死んだ後、私たち残された人に宿るあの『いのちのバトン』をどう説明したらいいのでしょう」

この本には、その説明ではなく、業務日誌のような著者の体験が淡々と語られる。

たとえば、巨額の富を得ながら直腸ガンを患い、手術後にその転移を告げられたショックで自宅の押し入れに引きこもってしまった岡部さんのケース。

著者は説得するのではなく一緒になかに入って籠城してしまう道を選ぶ。揚げ句の果てに、グーッと鳴ったおなかを見て「オマエも腹が減ったのか?」と、だれにも心を開かなかった岡部さんは著者をそば屋に誘うのだ。

日本のお年寄りは、平均すると1500万円の現金資産を抱えて死ぬらしい。1年に70万人以上が亡くなっているから、その現金を自らの生のために使ったら、10兆円の経済効果が生まれる。

書籍情報誌『ダ・ヴィンチ』の創刊編集長だった友人、長薗安浩のデビュー作『祝福』(小学館)では、「年寄りが死なない国に生まれてくる子どもは、苦しいだけさ。そんな国は、どうあがいたって破滅するよ」と主人公の長谷川に断じさせている。

救いは、この本が示す「バトンタッチ」にある。

引き際、渡し際、死に際、つまり出口の演出が、入り口よりも大事な時代になってきた。団塊の世代にぜひ読んでもらいたい。

学校ではタブーになっている自殺を　どう学ぶ、どう防ぐ

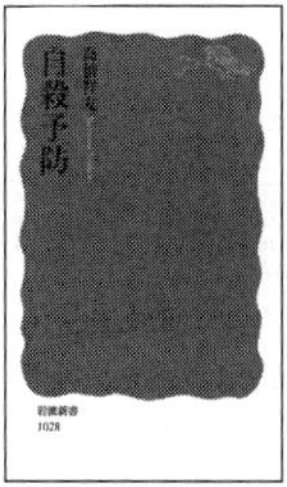

『自殺予防』
高橋祥友著（岩波新書）

1998年以来、年間3万人を超えている自殺者。交通事故死の4倍以上、15分間に1人の犠牲者が出ている勘定だ。

もはやタブーにはしておけない、ということで2006年6月「自殺対策基本法」も成立した。

この本は、国や企業、高齢者を抱えるすべての家族が対策を考えるのに必要なバランスの取れた知識を提供してくれる。著者は国連の自殺予防ガイドラインの作成にも関わった精神科医だ。

高齢者を抱えるすべての家族と書いたが、じつは40代～50代の働き盛りの自殺者が急増している。

とくに中学生の父親の世代では、死因のトップは病死ではなく自殺死。

それゆえ、私は和田中学校3年の「よのなか科」の授業で、自殺志願者とそれを抑止する友人の会話を生徒がロールプレイする「自殺抑止シミュレーション」や、自殺は許されるかについてのディベートに取り組んだ。

中学の授業で自殺を取り上げるのは時期尚早という声も教育関係者から出るが、そんな寝ぼけたことを言っていられないことは、本書を読めばわかるだろう。

「武士の切腹などのイメージがあまりにも広く浸透してしまっているせいか、日本では覚悟のうえで自殺するといった先入観を多くの人が抱いている」

「しかし、自殺は決して自由意思に基づいて選択された死ではなく、むしろ、ほとんどの場合、様々な問題を抱えた末の『強制された死』である」

著者はこう指摘する。

「およそ10人に1人は一生のうちのある時期に、うつ病の診断に該当する状態になる。うつ病は決して稀な病気ではない。今では、うつ病を『心の風邪』と呼ぶことさえある。しかし、『風邪は万病のもと』とも言われるように、心の風邪も放置しておくと、最悪の場合には『心の肺炎』になってしまい、命取りにもなりかねない」

うつ病の兆候に気づくことが、本人や家族、あるいは会社にとっても、最も効果的なポイントだ。

副作用が少ない抗うつ剤も開発されているし、多様な心理療法も生み出され、うつ病の85％は治療に反応するというデータもある。

中学生に対しても、私は「14歳くらいでだれでも魂の揺らぎを体験する。死にたいと考えたら、まず『うつ病』という病気かもしれないと疑え。病気だったら1人で解決しようとしないで医者に行くでしょ」と教えている。

世界に目を転じると、毎年、約100万人が自らの手で命を絶っている。殺人や戦争で亡くなる人の合計より多いのだ。まさに、心の内戦である。

友だちって本当になくてはならないもの？

『友だちいないと不安だ症候群に効く授業。』
齋藤孝著（朝日文庫）

子どもたちの「友だち力」が危ない、という危機感から書かれた本である。著者である齋藤孝先生だけではなく、私をふくめ、日本中の大人が危惧している問題だ。

学校という日常では、とりわけ「いじめ」や「不登校」、「ひきこもり」などの現象として現れ、さらにはそれが社会人になってからの「ニート」や「失業」など、社会問題の根幹にまで影を落としているようにも見える。

では、「友だち力」とは何か、齋藤孝先生の定義を少し長いが引用しておく。本の狙いが約1ページほどの文章に、よく表されているからだ。

「『友だち力』というのは、友だち関係の距離を自分でコントロールできる力です。それは友だちを作る力とは少し違う。時には、離れることもよしとします。『いなくたっていいじゃないか』ということも含めて、友だちとの距離をコントロールできる力ということです。「友だち何人できるかな」と言って作ろう作ろうとすれば疲れますし、自分の意思に反してグループに入らなければならなくなったり、そのことがきっかけで、第4章で取り上げる鹿川君事件のように仲間はずれにされ、いじめを受けたことを苦にして自殺してしまうといった悲劇を生むこともあります。

友だちというのは、あまり欲しい欲しいと思うとよくありません。

メル友が百人いるとか、二百人いるとか、何人いるか競い合っていると、それがプレッシャーになっていきます。友だちというのは、そんなふうに数を数えなくてもいいものだし、いない時もあるのだと思えれば、楽な気持ちになれるでしょう」

大人の読者にとっても、これだけで救われる思いがするのではなかろうか。

私自身、5年間、中学校で校長をやった間に、校長室に置いてあるマンガを読みに来る生徒と対話した。また、部活で一緒にスポーツをした経験や、イジメが起こった後の生活指導から感じたのは、この「距離感」あるいは「人間関係の間合い」に戸惑う生徒たちの姿である。


昔のように、多くの兄妹関係のなかで揉まれているわけではないし、地域社会で異なる世代との交流が活発なわけでもない。だから無理もない。

しかも、現代社会には、友だち同士の生の「距離感」を失わせるツールが蔓延《はびこ》ってしまっている。いわずと知れた「ケータイ」と「テレビ」の影響だ。

ケータイは、アドレスを交換してメールをやりとりすれば、いつでもつながっていられるという幻想を子どもたちに持たせてしまう。それが、本当の心の交流を伴うコミュニケーションでなくてもだ。

この本では、子どもたちのコミュニケーション技術を高める授業を紹介している。たとえば、「偏愛マップ」。二人一組になって、お互いに自分が「偏って愛しているもの」を紙に書き出し、語り合いながらコミュニケーションを深めていく。

ほかにも、全国の学校での実践を期待したいのは、第4章にある「いじめ自殺事件」を扱った授業である。

1986年に中野富士見中2年生の鹿川《しかがわ》裕史《ひろふみ》君が、いじめを苦に自殺した事件では、その後の調査で「葬式ごっこ」に先生も加担してしまっていたことが発覚。世間を震撼させた。

「いじめ」を扱うというと、多くの先生方は、どうしても道徳的に感情に訴え、「いじめは悪だ」と教条的に諭す授業を想像すると思う。しかし、著者はその方法は採らない。

もちろん、当時の事件の概要を生徒たちに把握させるために新聞記事などを使うのだが、メインに使う教材は、事件の8年後、大学4年生になっていた同級生の証言。

元朝日新聞記者の豊田充さんのインタビューをまとめた書籍『「葬式ごっこ」八年後の証言』（風雅書房）のなかにある岡山君の「自分が弱い人間であることを知られるのが、死ぬほどいやだった」である。

たとえば、本人の遺書を読んで、あまりの悲惨さに涙させるだけだったら、それはあたかも水戸黄門の印籠のように、生徒を黙らせるだけだろう。

感情が支配する思考停止状態である。

では、どうしたら生徒たちの理性を刺激できるのか。いじめた本人ではないが、止められなかったクラスメートの「八年後の証言」という教材の力が、生徒からさまざまな言葉を引き出してくれるのだ。

じつは、私が校長をしていた和田中は、中野富士見中から歩ける距離にある。その縁もあって著者に許可をもらい、この本の一部をコピーして、授業スタイルを実践した。

ベテランの先生のなかには「そういう授業は寝た子を起こしてしまう」と惚けたことをおっしゃる方も多いのだが、私はいつも「寝ているのは先生のほうで、子どもたちはとっくに目覚めちゃってるんですよ」と答えている。

この本を片手に、「友だちいないと不安だ症候群」や「いじめ自殺問題」にまっこうから取り組む先生や保護者が、一人でも多く現れてくれるとうれしい。

教育にまつわる迷信を科学する

「学力」の経済学
中室牧子
思い込みで語られてきた教育に、
科学的根拠が
決着をつける!

『「学力」の経済学』
中室牧子著
（ディスカヴァー・トゥエンティワン）

文字どおり「学力」を「経済学」しちゃった目からウロコの本。「ご褒美で子どもを釣ってはいけないの？」「人生の成功に必要な勉強ってどんな勉強？」「少人数学級って効果あるの？」……思い込みや理想論・べき論・感情論で語られてきた教育論に、ついに科学的根拠（エビデンス）を引っさげて決着をつけようとする学者が現れた。

著者はあの竹中平蔵氏の弟子で日銀出身。

子どもたちが大人になったときの日本の生きる道

『新・観光立国論』
デービッド・アトキンソン著
（東洋経済新報社）

息子・娘に地元にとどまってほしいと願うなら、その希望はこの産業の浮沈にかかっているかもしれない。

前作『イギリス人アナリスト　日本の国宝を守る』（講談社）もよかったが、復活の秘策は「観光立国」にあり!!　という主張がより明快だ。200万人を集める京都でさえも外国人誘致に失敗していて、その数倍は集客できるという。

著者は京都在住。創業300年の国宝・重要文化財の補修を手がける小西美術工藝社・代表取締役会長だ。

子どもといっしょに読みたい11冊

世代を超えて読み継がれる絵本

『ろけっとこざる（ひとまねこざるシリーズ）』H・A・レイ文、絵／光吉夏弥訳（岩波書店）

ロンドンに住んでいたとき、周囲とコミュニケーションがとれにくかった息子が、自分と主人公のこざるのジョージを同一視するかのように何度も読んでとせがんだ本。『ろけっとこざる』では、一緒に住んでいる黄色い帽子のおじさんの留守中に、主人公のこざるがインクを床にこぼしてしまい、洗い流そうとして家中を水浸しにする事件から始まる。

水をかき出すためのポンプを運ぼうとして、間違って農家のブタを1匹残らず逃がしてしまったり、農夫に追いかけられて飛び乗った車が町の博物館に着くと、そこに迷い込んでダイナザウルスの展示物を壊してしまったり。

6冊あるシリーズのなかには、ほかに『ひとまねこざる　びょういんへいく』や『たこをあげる　ひとまねこざる』などがあるが、いずれもチャップリンのドタバタ喜劇ばりの騒動が悪気のないこざるによって引き起こされる。でも最後にはかならずメデタシめでたしで解決するというストーリーだ。

『ろけっとこざる』の最後は、博物館の館長ワイズマン博士に頼まれたこざるが宇宙ロケットに乗って〝うちゅうざる第一号〟の栄誉に浴する奇想天外な結末で終わる。

　全編を流れる〝痛快さ〟が「ひとまねこざる」の身上だ。「ひとまねこざる」のジョージは、黄色い帽子のおじさんがしゃべることや子どもたちのことはわかるけれど、言葉を話さないし、文字も読めない。だから、意識はどんどん発達してきているのに、まだ言葉で表現する力が追いつかない4～5歳児を身をもって代表している。

　そして普段はイタズラ心を起こしてもすぐに親に止められてしまう子どもたちの、ホントはやってみたい無邪気なイタズラを、ジョージは本のなかでどんどん実行してくれる。

「ひとまねこざる」は、ときに子ども自身であり、子どもの願望であり、そしてただ痛快なハチャメチャ喜劇でもある。

『バーバパパのいえさがし（バーバパパえほん）』
A・チゾン、T・テイラー作／山下明生訳（講談社）

大人にとっては環境問題を考えさせる逸品。

　バーバパパ・ファミリーは体の形を自在に変えることができる粘土やラバーのような体を持った家族だ。お父さんのバーバパパとお母さんのバーバママのほか、順番は定かではないが、バーバモジャ、バーバピカリ、バーバベル、バーバリブ、バーバズー、バーバブラボー、バーバラの7人兄弟がいる。

彼らの家が小さくて住めなくなったので、町なかにある古い空き屋を自分たちで思い思いにリフォームして住んでいた。ところが、この空き屋はすでに不動産業者に地上げされていたようで、〝かいじゅうみたいなきかい〟(クレーンやブルドーザー)があたりの古い町並みを片っぱしから壊し始めた。「十階建ての団地ができますからそちらへ引っ越してください」と言われて住んでみるのだが、バーバパパたちは既成のマンションをどうにも好きになれない。

結局、郊外の丘の上にバーバパパの体を型にしてプラスチックで自分たちの家を建て、ブドウやイチゴを育てて平和に暮らしていたのだが、またしても〝かいじゅうみたいなきかい〟がやって来た。バーバパパたちは友だちのフランソワとクロディーヌと一緒にプラスチック爆弾で対抗する。そして最後に勝利を収め、ふたたび家族の平和を取り戻すというストーリーだ。

バーバパパ(うすいピンク)とバーバママ(ブラック)と兄妹たちのほかは、比較的淡い色で配色されている。背景もホワイトスペースが活かされてベターッと色をぬっていないので、子どものイタズラ描きマインドがくすぐられる。息子は余白にクレーンを描いたり、バーバパパたちの家を思い思いの色でぬったりして、この絵本でぬり絵を楽しんだ。妻は嫌がっていたのだが、私は許した。自分でも何かクリエイトしたくなるほど刺激があったのだろう。

そういうわけで、これからこの絵本を子どもに与える場合は、2冊買うか、あるいは古本屋でボロボロのでもいいからもう1冊手に入れて、1冊はぬり絵用に思いっきり落書きさせてはどうだろう。

『ずーっと　ずっと
だいすきだよ』
ハンス・ウィルヘルム絵と文／
久山太市訳(評論社)

読んでいる私が泣いてしまって、最後の1ページは読むに読めなくなってしまった本。

主人公のぼくと犬のエルフィーは生まれたときから一緒に大きくなった。もちろんエルフィーのほうがずっと早く大きくなったのだけれど。そしていつしか、ぼくは少年になり、エルフィーは年寄りになっていた。老いてゆくエルフィーとともにぼくは暮らした。階段も登れなくなると、かついでぼくの部屋に上がる。そして寝る前にはかならず、「エルフィー、ずーっと、だいすきだよ」って言ってやる。

大げさに言えば、人間と犬の人生の時間差がこの物語の基盤になっている。

「エルフィー、ずーっと、だいすきだよ」ね、きっとわかってくれたよね、と年老いて太ったエルフィーに語りかけるシーンでは、主人公が幼いころにエルフィーと追いかけっこをした情景がそえられている。読み手の私は不覚にもこのシーンで息づまってしまう。次のページを開くと、ベッドの横で寝ていたエルフィーがもはや冷たくなっている。でもぼくは毎晩エルフィーに「ずーっと、だいすきだよ」と言ってあげてたから、大丈夫。お父さんや兄さんや妹は言ってやらなかったから。

次のシーンではエルフィーの死を乗り越えてゆく主人公の成長が、たった2ページで端的に描かれる。隣の子が子犬をくれると言ったんだけど、エルフィーは気にしないってわかっていたけど、ぼくはいらない。かわりにエルフィーの使っていたバスケット（かご）をその子にあげた。

一度この物語を読んでしまえば、主人公が太ったエルフィーの肩を抱いて座っている後ろ姿を、どうして表紙の絵に使ったのかがよくわかる。ところどころに配されたスナップ写真のようなイラスト。その温かな視線とエルフィーの表情に、犬のかわいさを知りつくした作家のセンスがにじんでいる。犬好きにはたまらない1冊であることは言うまでもないが、なぜか私は、老人との同居や在宅介護の問題と重ね合わせて考えてもいる。

『ぐりとぐら』
なかがわりえこ／
おおむらゆりこ
（福音館書店）

のねずみのぐりとぐらは、ある日大きなたまごが落ちているのを見つける。二人はそれでカステラをつくることを思いつき、おいしく焼き上がってから森の仲間たちに振る舞う、というストーリーだ。

一見翻訳もののようなつくりだけれど、この本の作者は、大変ヒットした童話『いやいやえん』（福音館書店）を生み出した日本のコンビである。

私はこの絵本の秘密は、言葉のリズム感

にあるのではないかと思う。

「ぼくらの　なまえは　ぐりと　ぐら
　このよで　いちばん　すきなのは
　おりょうりすること　たべること
　ぐり　ぐら　ぐり　ぐら
　うたいながら、やけるのを
　まっています」

このシーンではよく、私の妻が勝手にメロディーをつけて歌いながら読んで聴かせていた。

料理という、お母さんが毎日繰り返している日常を題材にしていることが、いつもお母さんのたまご料理やホットケーキができるのを、いまかいまかと待っている子どもたちに、身近な感情を抱かせるのだろう。

実際、妻はキッチンで料理しながら、何度もこのメロディーを鼻歌のように口ずさんだ。そういうときは、何かお手伝いして一緒につくってみたい息子も、ややはずれた音とリズムでついていく。

ぐりとぐらが砂糖や小麦粉を運んだリュックサックを自分も背負って、息子は、妻と一緒にぐりとぐらゴッコをしに近くの森に出かけることもあった。

同じように大きなたまごを見つけたふりをして、大きなフライパンでカステラを焼く真似をするだけなのだが、動物たちにカステラを振る舞うシーンでは異様に盛り上がった。息子はこの本にも落書きしていて、まきを集めてかまどをつくったぐりとぐらの横に、1本のマッチとマッチ箱がボールペンで描かれている。

『いちねんせい』
谷川俊太郎詩／
和田誠絵（小学館）

この絵本は何歳の子ども向きなのか、私は知らない。題名通り、想定読者は「いちねんせい」かもしれない。ところが、年齢など関わりなく、読むものと聴くものの双方を引きつける不思議なチカラがこの本にはある。

リズムだ。詩人のリズムだ。

「あいしてるって　どういうかんじ？
いちばんだいじな　ぷらもをあげて
つぎにだいじな　きってもあげて
おまけにまんがも　つけたいかんじ」
（あいしてる　より）

「ぼく　がちゃらめちゃらと　いったら
あいつ　ちょんびにゅるにゅると
いった
ぼく　ござまりでべれけぶんと
いったら
あいつ　それから？　といった」
（わるくち　より）

息子はしばらく、〝ちょんびにゅるにゅる〟と〝がちゃらめちゃら〟のファンになり、意味もなく叫んでは笑い転げていた。

谷川さんは〝メチャクチャ言葉〟の天才だ。子どもたちもメチャクチャ言葉の国際人だ。

「あさってきてって
きてまってててって
まっててあってってって
あってつれてってって」

（って　より）

もう1つ、息子がどうしてもウンチをパンツにつけてしまうクセが直らなかったとき、妻が一緒につくった歌、〝パンツにウンチがついたとしても〟のテーマソングのもとになったのが次の詩だ。息子は突然パンツを頭にかぶりながら階段を下りて来て、この詩をくちずさんだ。

「もしもあたまが　おしりだったら
ぱんつは　ぼうしになるだろう」
（もしも　より）

『おしいれのぼうけん』
ふるたたるひ、たばたせいいち作
（童心社）

「ここは　さくらほいくえんです。
さくらほいくえんには、
こわいものが　ふたつ　あります」
と物語は始まる。

1つは押し入れだ。子どもたちはおいたをすると、ごめんなさいとあやまるまでここに入れられる。ある日、昼間の時間にワンパクな〝さとし〟とちょっと弱気な〝あきら〟が騒いでみんなに迷惑をかけたので、みずの先生に押し入れに入れられた。

あきらはすぐに泣きたくなってごめんなさいを言おうとしたのだが、さとしは先生が自分の話におかまいなしにお仕置きをしたことに腹を立て、じっと我慢を決め込んだ。やがて真っ暗な押し入れの上下にへだてられたこの二人の間に、戦士の友情が芽生える。

さとしは、さっきあきらから奪ったミニ

カーを「さっきはごめんね。これであそべよ」と返してあげる。あきらはお返しに、ズボンのポケットにしまってあったミニ蒸気機関車を上の段にいるさとしに手渡す。

さあ、二人の冒険の始まりだ。

想像の世界のなかで、さとしは蒸気機関車の運転士になり、あきらはライトをつけて車を走らせるドライバーだ。ところが押し入れの隅のベニヤ版の模様がいつしかトンネルに変わり、そこから見覚えのある〝ねずみばあさん〟が現れる。

「ふっふっふ。わしの　かわいい　ねずみたちが、おまえをたべたがっているぞ」

「あーくん、にげよう」

さとしはしっかりとあきらの手を握った。よくディティールが描き込まれたモノクロの鉛筆画が中心なのだが、なぜか色が見えてくる。全体で79ページのしっかりした本にカラーの挿画は5枚だけ。これが二人の心象風景を見事に描き出していて、かえって印象的だ。

ちなみに、この本は現在までに（2015年7月23日時点）、なんと227刷になっているという。この本をはじめ、絵本がいかに何世代にもわたって読み継がれているかが、よくわかる数字だ。

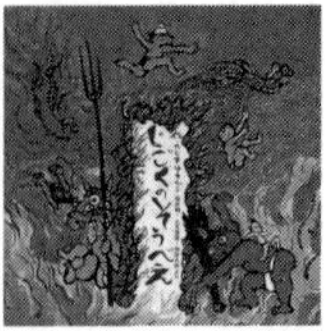
『じごくのそうべえ』
たじまゆきひこ作（童心社）

軽業師のそうべえが、医者と山伏と歯医者の三人とともにえん魔さまから地獄に送られる。何といっても関西なまりの語り口が抜群におかしい。

「かるわざしの　そうべえ。おまえは、ええ
え……と……、そうじゃ。はらはらするよう
な　つなわたりをして、
　見るひとのいのちを　ちぢめたによって、
じごくゆきじゃ」
「そんなむちゃな。それが、しょうばいやの
に」
「だまれ、だまれ。おまえたち四にんは、じ
ごくへ　おとしてやる。
　あとのものは、じゃまくさい。ごくらくへ
とおしてしまえ」
「そんな　あほな。なんで　わしらだけ、じ
ごくへいかんならんね。
　もういっぺん、かんがえなおしておくれや
す」

私はこれがすべて標準語だったら、どんなに味気ないだろうとふと考える。

「そんなばかな。なんで、わたしたちだけ、
じごくへいかなければならないのですか。
　もういちど、かんがえなおしてください
よ」

この物語は上方落語の〝地獄八景亡者の戯《たわむ》れ〟を題材にしている。いわば、たじまゆきひこさん版のダンテの〝神曲〟地獄篇なのだ。麻の布に染色したような荒いタッチの絵には、にじんだ色をふち取る大胆な墨の黒がキリッとさえていて、大人にも圧倒的なインパクトがある。

幼稚園などで先生が読み始めると、それまでワーワー騒いでいたワンパクたちが一斉にシーンとなるという逸話がある。うちの息子にかぎらず子どもたちは皆〝死んだらどうなる〟ということに非常に興味があるから、それもうなずける。

それにしても、地獄行きが決まったそう

べえ以外の職業が、宗教家と医者だというのも面白い。昔からこの職業の方々は、人の命に対してかなりきわどい選択を迫られているからだろうか。

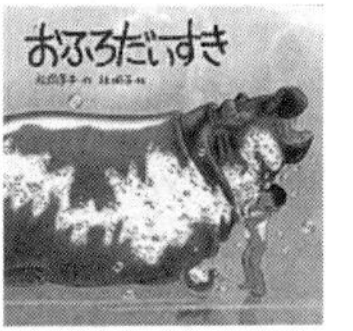

『おふろだいすき』
松岡享子作／林明子絵
(福音館書店)

作者の松岡享子さんは、米国ボルチモア市や大阪市の図書館に勤務した経験のある方で、東京子ども図書館の理事長。名作『とこちゃんはどこ』(福音館書店)の作者でもある。絵は『はじめてのおつかい』(福音館書店)や『びゅんびゅんごまがまわったら』(童心社)でおなじみの林明子さん。

私は林さんの、木漏れ日を浴びたような、あるいは昔の裸電球で照らしたような、だいだい色っぽい温かな光の使い方が気に入っている。

しかしこの作品に関しては、あえて作者の発想のクリエイティビティーをたたえたい。

「ぼく、おふろだいすき。おふろへはいるときは、いつも、あひるのプッカをつれていく」

と始まるこの物語の主人公の〝ぼく〟には、はじめ固有名詞の名前がついていない。だから読んであげる子にあわせて、ヤマちゃんとかミコちゃんとか勝手に当てはめればいい。のちに、お母さんが湯かげんを聞くシーンで主人公は〝まこちゃん〟という名だとわかるのだが、最後まで自分の子の名前で通すのだ。

しばらくして、ぼくが体を洗っているとお湯にもぐったプッカが、

「まこちゃん、おふろのそこに、おおきなかめがいますよ」

と報告する。それでまこちゃんのおふろが、ただのおふろではないことが判明する。

「ぽかっ、ざぁーっ。おおきなかめが、ういてきた」

ペンギンも来る。オットセイもカバも来る。しまいにはクジラまでが、まこちゃんのおふろにやって来る。このおふろの底は太平洋につながっているに違いない。そこで、みんな一緒に肩までつかって、数をかぞえてあったまる。

「よくあったまった?」とお母さんが顔を出したとたん、みんなお湯にもぐって隠れてしまった。プッカだけ、隠れなかった。

子どもたちにとっては、自分ちにもある〝普通のおふろ〟でいつも起こっている話なのかもしれない。

『あめふり』
さとうわきこ作・絵
(福音館書店)

「ずっとずっと、あめが　じとじと　ふっていた。

『あめ　やまないかな、たまには　そとで　あそびたいよ』

こいぬと　こねこが　いうと、ばばばあちゃんも、

『ほんとだね、ばあちゃんも　あそびにでたくて　こまってるんだ』

と、まどから　そらを　みあげた」

なんで、〝ばあちゃん〟じゃなくて〝ばばばあちゃん〟なのかわからない。

さて、ばばばあちゃんはいったいどうしたでしょう。

ばばばあちゃんはまきを運んで来るとストーブに入れて火をつけた。さらにいらなくなったスキー板や木の置き物やガラクタをわんさか持って来て暖炉で燃やした。そしてぼんぼん燃えるストーブの火のなかにコショウをバサッ、ドサッと振りかけ、赤とうがらしの束をほうりこんだ。

ばばばあちゃんの家の煙突からは、からい煙が広がって空一面をおおっていく。

「ハックショーン」「ハックショーン」

やがて、意地悪でどしゃ降りの雨を降らせていたカミナリ君たちも雲も、みんな地面の泥水のなかに落っこちて来た。空はすっきり青空になった。

カミナリたちは、雲の洗濯をし洗濯ロープによく干してから修繕をする間、ばばばあちゃんの家に泊めてもらった。全部終わるまで何日もかかったのだが、ばばばあちゃんも、子犬も、子猫も、絶対に手伝ってやらなかった。

カミナリたちがみんなで雲を干す最後の場面は圧巻だ。

やはり、ばばばあちゃんは、ただの〝ばあちゃん〟ではなく、〝ばばばあちゃん〟だったのだと納得してしまった。

『だるまちゃんとかみなりちゃん』
加古里子作・絵
（福音館書店）

「だるまちゃんが　そとに　あそびに　いこうとしたら　あめが　ふってきました。かさを　さして　でたら　へんなものが　おちてきました」

「ちいさな　かみなりちゃんが　おちてきました」

かみなりちゃんと落ちてきた変な丸いものが、大きな木の枝に引っかかってしまったので、だるまちゃんは自分の傘で突っついたり投げたりしてなんとか取ってあげようとする。でもどうしても取れない。

そこへ、かみなりちゃんのお父さんのかみなりどんが、雲の自動車に乗って迎えに来た。かみなりどんはかみなりちゃんの話を聞くと、お礼にだるまちゃんを雲に乗せて、かみなりちゃんの国に連れて行ってくれるのだ。

だるまちゃんは家でごちそうになってから、おみやげまでもらって帰って来た。

作者の加《か》古《こ》里子《さとし》さんは、ほかに『とこちゃんはどこ』や『地球』（福音館書店）を描いている。紹介文には、工学博士、技術士とある。私はこの、画家の絵にはない素朴さが好きだ。

かみなりちゃんの国のプールや町の様子、信号やアドバルーン、けんけん遊びの模様や輪投げの道具、そしてだるまちゃんが家に持って帰って来たおみやげまんじゅうにいたるまで、思わず笑ってしまうウイットがきいている。

『地球』
加古里子作・絵
（福音館書店）

これは本格的な科学の本だ。〝ちきゅう〟というわかりにくい存在の実体を、子どもたちに（いや、大人の私たちもふくめて）感じさせてくれる。身近な地面の浅いところの様子から始めて、〝地下〟の世界の存在に気づかせ、やがて海の底から火山のマグマの様子まで掘り下げて解き明かす。

最後は、地球全体の構造、太陽系の図、そして宇宙の銀河にまで話は進む。

はじめのページでは柴犬が土を掘っている。そこから〝ふきのとう〟の根が出てくる。駆けている男の子の足もとには〝はこべ〟の小さな花が咲き、その横で巣からはい出した〝くろやまあり〟たちがなにやら動き出した。

「あなたは　じめんに　はえている　ちいさなくさを　ひっぱって　ぬいたことが　ありますか。　ひきぬいた　くさのさきには　つちのなかに　かくれていた　ちいさなねが　ついていたことでしょう」

小さな存在、身近な経験から解き明かしていくこの方法はじつに素晴らしい。

場面は見開き2ページごとに多面的に展開する。山の野原に咲く花や植物の根の様子。桜や松の大きな木の太い根っこ。田舎のたんぼや畑、井戸や竹林や小川の様子。

これらがすべて地上の風景と地下の断面図の巧みな組み合わせで紹介される。

〝もんきちょう〟(5センチ)や〝むくどり〟(18センチ)や〝とかげ〟(20センチ)というような小さな動物や植物たちの姿には、すべてその名前と大きさが横にそえられている。

場面はさらに森の春、夏、秋、冬の様子と続き、やがて都会の様子に入る。

自分たちが暮らしているアパートの地下のコンクリートくいや汚水浄化槽と下水道の様子。地下街やガソリンスタンド、高層ビルや地下鉄の様子。さらに山々から水がどのように流れてきて海に注ぐのか。

その海の底はどうなっているのか。

山岳地帯ではどうか。石油や石炭はどうやって掘られているか。火山とマグマの様子や日本海溝の地震源、高校の地学か何かで習った覚えのあるモホロビチッチ不連続面まで。子どもと一緒に「地球」という世界を旅することができる1冊だ。

【文庫版特典エッセイ】

本を読むことは、「誰かの人生を生きる」こと

前田　裕二

読書の定義を変えよう

僕にとって読書とは、「行動」を発芽させる養分です。単なる情報インプットの道具ではなく、大量のアウトプットをする動機やその道筋をつくるためのものです。「情報の吸収率」ではなく、「行動への伝導率」こそが読書の要諦だと、僕は考えています。つまり、本を通じて学んだことや気づいたことをどれだけ自分ゴト化して、行動につなげられるか、これが勝負です。

僕自身の決まり事としては、本を読んだら、その本から学んだことを簡潔にまとめて誰かに話せる状態にします。加えて、学んだことを受けてどんな行動を起こすのかというアクションプランも、最低3つ立てます。

生きるとはすなわち行動の積み重ねですので、行動を変えないと人生に変革は起きません。そして、行動の変え方を教え導いてくれるものが読書です。つまり、「読書→行動→人生」ということです。僕にとっては、本を読むことは生きることであり、

人生そのものなのです。

古典を紐解いても、行動の重要性を説いているものはたくさんありますが、読みやすさで言うと、『夢をかなえるゾウ』（水野敬也著・飛鳥新社）がお薦めです。この本のメッセージを一言で表すと、「行動がすべてだ」ということです。

「お参りに行く」などたくさんの課題が出ますが、それ自体が重要なのではなくて、人生において行動を起こすことの重要性を説いています。読書の定義を、「本を読む」から、「本を読んだことによって自分の行動がどう変わったか」に変えれば、読書体験はまったく別のものになるはずです。

人はつい自分の経験だけを経験だと思ってしまいますが、それは非効率です。誰かの人生の経験を追体験できたら、何人分もの人生を生きて、学びを得ることができます。

幻冬舎の編集者である箕輪厚介さんから「前田さんは4000回くらいこの世に生きているように感じる」と言われたことがありますが、どうしてそう思ってくれるのかな、と考えたときに、本の存在がありました。

毎日だいたい1冊、年間少なくとも400冊ほど読書する生活を10年以上続けているので、4000というのはあながちおかしな数字ではないかもしれません（笑）。

つまり、読書から行動への伝導率を上げられれば、何人分もの人生を生きられるのです。

「行動の伝導率」をどう上げるのか?

どうすれば「行動の伝導率」を上げることができるのか、端的に言うと、信じることではないでしょうか。そういう意味で、僕は「信じている本」しか読みません。

信じている本には、2つのパターンがあります。1つはその本を紹介してくれた人を信じているというパターン。もう1つは、著者自身を信じているというパターンです。僕は兵法書を読むのが好きで、中でも『孫子』を愛読しているのですが、それは著者の孫武を信じているからです。

『孫子』とは、孫武が「負けは死を意味する」という究極の状況で導き出した、戦に勝つための真理です。常に死と隣り合わせですから、そこに込められた気迫はビジネスとは違います。死ぬか生きるかという真剣勝負をする中で紡ぎ出した考え方は、人間が考え得る限り最も真理に近い成功法則であろうと思うからこそ、『孫子』の内容を全力で信じるのです。

著者を信じたうえで、「読書の要諦は行動だ」という深い認識を併せ持つことで、

「行動の伝導率」が上がるのだと思います。人は、「信じないと動かない」ですから。

3つのタイプの「頭の良さ」

読書は「知識を蓄えるためのもの」では、全くありません。よく「地頭がいい」という表現が出てきますが、頭の良さも定義がまちまちです。僕は、ざっくり3種類に分けられると思っています。

1つ目は、クイズ王的な頭の良さ。ストックされた知識がたくさんある人のことを「頭が良い」と表現することがありますよね。

2つ目は、頭の回転が速いという意味での「頭の良さ」。例えば、明石家さんまさんのように、空気を絶妙に読んでアドリブで当意即妙のコミュニケーションができるような人です。

3つ目は、問題解決力があるという意味での「頭の良さ」。主に、論点設定力と仮説思考力ですね。問題にぶち当たったときに、解くべき問いと正しい仮説を立てて、上手に問題を解決できるということです。

僕は、この3つ目の「頭の良さ」が一番大事だと思っています。頭の回転が速いという意味での「頭の良さ」は、芸人やタレントになるには必要だと思いますが、起業家や経営者にとっては3つ目の「頭の良さ」が一番大事です。

人生は日々、問題解決の連続です。犬も歩けば棒に当たるように、行動を起こせば必ず問題も起きます。社会が複雑化していけば、同時に問題も複雑怪奇になる。そんな時代を生き抜くためには、高次の問題解決能力を備えた人間に成長する必要があります。

そこで僕らは、先達の知恵を借りるべきだと思っています。そのために最も役立つのが、時代を超えた偉人との対話を可能にする「本」なのです。

組織運営は韓非子に学んだ

先人に学ぶためにも、古典は効果的です。『論語』や『韓非子』が好きなのは、兵法書が好きなのと理由は同じです。

中国の春秋戦国時代は数百年にもわたって続きましたが、そこでは、敵に殺されるならまだしも、一番信頼していた仲間や家臣に裏切られることも、日常茶飯事だったわけです。さすがに痺れますよね。

そんなまったく気の抜けないハードモードな時代において、「どうすれば永続する強い組織をつくれるか」を考え続けた先人の知恵が凝縮されているのが、これらの古典です。そのエッセンスを、丁寧に会社の組織づくりに活かしています。

孔子と韓非子の教えは対極ですが、僕は放っておくと、つい孔子的手法を取ってしまうと自覚しています。根本的に発想が性善説に傾きすぎていて、「人と人との信頼関係が……」「愛情を注げばすべてが解決する……」などと言ってしまうのです。

しかし、市場のパイが大きく広がっているときや、成長角度がグッと上がっているときには、韓非子的ソリューションがすごくハマる場合があります。そのバランスを悪魔のように細心に見つめているのです。性悪説というよりは、厳密に言えば性弱説に基づいています。性悪説を最初に唱えた荀子も、人間が本質的に悪なのではなくて、環境によって悪にも善にも変わってしまう、つまり弱い生き物なんだと考えていたのだと思います。

性善説と性悪説は両立し得ないのですが、僕は、性善説と性弱説は両立すると思っています。つまり、「人は善く弱い」と捉えているのです。組織づくりの理論は、性善説と性弱説のどちらかに寄りがちですが、僕は両者をブレンドしながら組織づくりをすべきだと考えます。

具体的に言いますと、「SHOWROOM」の業績が大きく成長するところまでは、孔子的なやり方をしていました。「SHOWROOM」はメンバーがみんな超優秀だということもあり、仲間がもたらすパフォーマンスを純粋に信じていたのです。

しかし、人は弱いので、浮くこともあれば沈むこともあります。そこで、拡大フェーズにおいては、構成員がみんな圧倒的なパフォーマンスを出す理想の状態を、個人の能力ではなく、「仕組み」によって担保しないとダメだと考え、韓非子的な法による統治を取り入れました。人は裏切るかもしれないけど、仕組みは裏切らない、という発想に切り替えたのです。

具体的には、クリエイティブな課題を解決するチームと、決まったルールの下でオペレーションを回すチームに分けて、それぞれにしっかりノウハウが溜まるように組織を設計し直しました。「SHOWROOM」では、この組織改編によって会社の収益が一気にスケールしました。

単純化して整理するならば、孔子と韓非子、すなわち、「人間同士の信頼関係」と「仕組み」をバランスよくブレンドすることによって、情と法の両面でパフォーマンスを底上げする構造を作ったのです。

抽象思考の旅は『国家』から始まった

『国家』は、中学生の時に初めて読みました。イデア・観念という考え方に触れて、今までとは世界が変わって見えたのを覚えています。

僕の抽象思考の旅が始まったのは、たぶん『国家』からです。ソクラテスと弟子のプラトンの対話を通して、観念というものが何かを学びました。

例えば、「愛とここに書いてみて」と言われて、紙の上に漢字で「愛」と書くことはできますが、「愛」の定義は一人一人違っていてすごく抽象的なものじゃないですか。この、みんなの頭の中に共通して存在する、ふわっとした認識のことを観念というんだよと。

この本は、抽象なるものに対してすごく興味を抱かせてくれました。僕の哲学への興味が始まったのはこの本からだと思います。哲学を学ぶことは、生きていくうえで本当に大事だと思います。僕が言っている抽象思考とは、目に見える現象は違えども、抽象化すれば、すべての真実がいつも同じところにたどり着く、ということです。

現象から正しく抽出した真理は、千年前だろうが、二千年前だろうが、変わっていないはずです。哲学書には、その時代に最も頭が良かった人たちが、長い時間をかけて紡ぎ上げた真理がつづられていますから、圧倒的に学ぶ要素が多いのです。

生物学とインターネット

生物学の分野でいえば、リチャード・ドーキンスの『利己的な遺伝子』（紀伊國屋書店）が大好きで、常にカバンに入れて持ち運びたいぐらいですけど、鈍器になるくらい重すぎますすね（笑）。

この本から得た学びは2つあります。第1に、死生観を洗練させてくれました。この本を読んで最初に持った感情は、「人の人生に価値なんてない」というある種の絶望感でした。「僕らは単なる遺伝子のビークル、乗り物でしかないのだとしたら、一つ一つの人生に深い意味なんてないのではないか」と。

本書によると、遺伝子がなるべく遠くの未来に行こうとしたときに、乗って行く乗り物が生物という固体です。僕らであれば、「ヒト」という乗り物に遺伝子が乗っかっているわけですね。単に遺伝子を先に届ける、先の未来に届けるためのビークルでしかないのだったら、別に自分の人生は楽しかろうがつらかろうが、全然関係ない。そう思うと、すごく絶望的になったのです。

しかし、逆にそれを前向きに捉えることもできます。「人生に深い意味なんてないんだから、自分が一番楽しいと思うことを突きつめてやる人生が一番いい」ともいえます。意味を見いだすことに時間を使うのではなくて、毎秒を楽しむことに時間を使うべきだ。そんな価値観をこの生物学の本が指し示してくれました。

『利己的な遺伝子』のように、進化生物学や文化人類学といった、なんらかの科学的切り口を通じて、自分の生と死を問い直せるような本が僕は大好きです。

もう1つ、この本から得た学びで自分にとって革命的だったのは、人間の利他的な行動を科学的に説明してくれていたことです。「SHOWROOM」はまさに利他的な行動によって支えられているサービスです。

そもそも、人がなぜ自分ではない人のためにお金や時間を使うのかはとても不思議なことですが、この話は孔子や孟子の儒教思想とシンクロしています。

孟子の「人皆人に忍びざるの心有り」という、井戸に落ちそうになる幼児の話があります。井戸に落ちそうになる幼児を、僕らは無意識に救ってしまう。人間は根底のところでは、善を持っているという話です。

『利己的な遺伝子』でも、こうした善の行動、利他的な行動が、遺伝子の中にプログラミングされているのだと論じています。

つまり、利他的な行動を起こすことで社会的評価が上がり、それによって優秀な配偶者を得ることができる。その結果、遺伝子がより安全に、優秀な形で遠くの未来に届けられる、という理屈です。

このロジックが正しいとすると、利他的な行動がより可視化されて波及していく世界を創った方が、利他的な行動がより多く起こるようになると思いますよね。それこそがまさにインターネットだと僕は思うのです。

インターネットが登場したことによって、人の利他的な行動が一気に可視化されるようになりました。ですから、利己的な遺伝子は「ついに今こそ自分の出番が来た」と思っているはずです。もし遺伝子が本当に利己的だと仮定すると、今の時代はもう大チャンスですよね。

クラウドファンディングが流行るのも、マーク・ザッカーバーグが大半の資産を寄付するのも、すべて利己的な遺伝子によって説明ができるのではないかと思うのです。

松下幸之助に学んだこと

経営者の本で言うと、あまりにスタンダードですが、パナソニックの創業者である松下幸之助の『道をひらく』（PHP研究所）はバイブルです。

この本から抜き取るべきポイントは、「素直、謙虚、愛嬌が一番の武器だ」ということです。松下幸之助のことを敬愛していて、噛みしめるように著書を読んできたので、彼の価値観が僕自身の人格形成にも大きな影響を与えているのではないかと思います。

昔話になりますが、僕は中学生の時に絵を描くのが好きで、コンクールに作品を出したり、先生に見てもらったりしていました。模写のコンクールで入賞したりして、美術の先生と仲が良かったのですが、その美術の先生が、卒業アルバムに書いてくれた言葉がすごく印象的で、今でもよく覚えています。

「美しいものを見たときに、素直に美しいと感動できる心を、一生なくさないでね」

当時はその言葉の意味がわからなくて、「桜を見たらきれいだと思うのは当たり前でしょう。先生は何が言いたいんだろう」と不思議に思ったのですが、社会人になってその意味がよくわかりました。仕事が忙しくなってくると、美しい桜も見過ごしてしまうようになってしまう。そこに愕然としたのです。

松下幸之助も「雨が降っているときに人は何も疑わず傘を開くだろう。雨が降っているという状況を否定せず、純粋に受け入れ、それに応じた行動を起こす。こういう素直な心を失っちゃダメだ」と言っています。

人は大人になるにつれて、つい目の前にあるものの美しさを見過ごしたり、あるいは否定したり、素直に受け止められなくなっていくものだと思います。この意識を持ってから、絶対に素直な心を失うものかと、中学の美術の先生の言葉や、松下幸之助の言葉をいつも胸に携えています。

実は『道をひらく』は、社会人になって仕事で苦しい状況に置かれていた時に上司が買ってくれた本だったのですが、中学校の美術の先生の話とつながって、自分の心に深く染み込みました。

最強の自己啓発本

『7つの習慣』（スティーブン・R・コヴィー著、キングベアー出版　原書『The 7 Habits of Highly Effective People』）も印象深い本ですね。

これは、UBS証券のニューヨーク支店で働いていた時に読みました。ニューヨーク赴任後、時間的にはかなり異常な働き方をしていました。アメリカ人の社員は朝7時頃に来て、夕方5時頃には帰るのですが、僕は朝5時に出社して、深夜12時頃までは働いていました。

そんなペースで2週間ぐらい働いた後に、最初のボスが「これは問題だ」と思って、僕との1対1のミーティングを設定しました。その時、机にこの本をポンと置いて、「Be effective」と言いました。「このままでは燃え尽きてしまうから、もっと effective、つまり効率的になりなさい」と告げられたのです。

「effectiveとはどういうことだろう」と怪訝に思いながらも本を読み進めていくと、なるほどと膝を打つポイントが多くありました。僕は、この本は自己啓発本の決定版だと思っています。ここまで包括的に、人生の成功原則をまとめた本はないと思います。

他の自己啓発本は何かが欠けていることが多いのですが、この本にはほぼすべての必要要素が含まれています。抜け漏れのある薄い自己啓発本を10冊読むならば、この1冊を繰り返し読めば十分だと思います。

冒頭で、「人の生は行動の積み重ねによってできている」という話をしましたが、これは『7つの習慣』の根底に流れる発想です。人生は行動の連続なので、すべての行動をスケジュールに書き込むとしたら、隙間なくなんらかのイベントで埋め尽くされています。そこで、優先順位を判断するための軸を持っていることが大切なのです。

なぜ僕は幸運なのか

リチャード・ワイズマンの『運のいい人の法則』（角川文庫）もニューヨーク駐在時代に出会って、思い出がつまった本です。英語のタイトルは『The Luck Factor』ですが、まさに「幸運の要因」を語ってくれています。

僕は昔から、「自分は、異常なほどに運がいいな」と本当に思っています。でも、それがなぜかなんて考えたこともなかった。この運の良さという漠然としたものを、科学的に解き明かそうと試みたのがこの本です。

例えば、1つの実験を紹介します。道を歩いている人にクイズを出して、それに答えられたら賞金をあげると伝えます。クイズを出す前には、「あなたは自分は運がいいと思いますか」と聞いておいて、「はい」と言った人と「いいえ」と言った人の正答率の違いを見るという実験です。

具体的にどんなクイズを出すかというと、それぞれの人に新聞を配って、「この新聞の中で使われている写真の枚数を10秒以内に数えて当ててください」と言います。ちなみに、新聞の中にはかなりたくさんの写真があるので、制限時間内では数え切れない設計になっています。それにもかかわらず、「自分は運がいい」と事前に答えた人のほとんどは正解して、一方「自分は運が悪い」と答えた人はほぼ不正解でした。これはなぜか、わかりますか。

答えはいたってシンプルで、新聞をペラっとめくると、三面の記事の小見出しの中に「この新聞の中で使われている写真の枚数は○枚です」と答えが書いてあるのです。

つまり、「運がいい」と思っている人は新聞を開いて答えを見つけて「ラッキー」

と思うのですが、「運が悪い」と思う人は「10秒なんて無理だ。答えられない」と思って最初からあきらめてしまうのです。

要は、「運がいい」と思っている人は、無意識に自分の身の回りにあるすべてが自分になんらかの幸運をもたらしてくれるものだと信じています。自分にポジティブな何かをもたらしてくれるチャンスが目の前を通ると、それを見逃しません。自分は「運がいい」と思う人は、さらに運が良くなって幸運を呼び寄せるようになっていくのです。

小説からも学びを抽出してしまう

小説も大好きです。小説については、アウトプット前提というより、楽しむために読むことがほとんどですが。中でも、宮部みゆきさんの作品がすごく好きです。

足立区や綾瀬といった東京の東側のことを題材に扱ってくれるので、同じ東京の東側出身としては、ついストーリーを自分の物語に置き換えて感情移入してしまいます。

最近は、楽しむために読む本でも学びを抽出する癖がついてしまっていて、バランスを取らなくてはと思っています。

例えば宮部さんの作品を読んでいると、「なるほど、綾瀬の魅力をこんな感じで書くんだ。ということは、自分が人に魅力を伝えるときにはこの要素を切り出すといいんだな」と、勝手に学びを抽出しています。小説家からも学びを吸収しようという脳が働いてしまうのです。

これが必ずしも良いかはわからなくて、それこそ「素直に美しいと感じる心」を失わないようにせねばと思っています。

星新一と死生観

最後に、星新一さんの『ようこそ地球さん』（新潮文庫）をお薦めしたいのですが、その理由は3つあります。1つは、未来予測が秀逸であることです。50年以上も前の本なのに、スマホも、インフルエンサーも、原発も的確に予測しています。

例えば、インフルエンサーの予測で言うと、人間のすべての行動に全部スポンサーがつくという世界を描いています。「ハクション」とくしゃみをしたら、「〇〇（薬の名前）」と言う。そんな仕組みがある世界を、製薬会社がスポンサーとしてつくると怖いねと言っているのですが、現代における、ユーチューブやインスタグラムには似たところがありますよね。日々の行動のあらゆる局面に、広告がついてくるような世界です。

もう1つは、陳腐化しない書き方だからです。50年後に読んでも違和感がないように、当時のテクノロジーや固有名詞などを極力避けているのです。名前にも時代性がありますから、主人公の名前も、あえてN氏やK氏といったイニシャルにしています。星新一作品の好きな点はいくらでも語れますが、3つ目に一番の魅力として掲げたいのが、やはり死生観です。星新一の作品によって、かなり研ぎ澄まされていったように思います。

『ようこそ地球さん』の中に、「殉教」と「処刑」という話があります。「殉教」とはこんな話です。霊界にいる死者と通信することができる機械を発明した男が人を集めて、「死後の世界は確実にあります。僕の妻が死んで天国にいるので、今日は、天国の妻と話すところを皆さんの前で見せます。それを見たら、皆さんも死後の世界を信じてくださいね」と言って、聴衆の前で死んだ妻と会話をし始める。

そして男はその場で自殺し、機械のマイクで霊界から話すんです。「死ぬということはとても開放的で素晴らしいですよ」と。これを見た観客たちも「なるほど、これはすごいぞ。では、私も死にます」と言って、どんどん自ら命を絶っていくのです。

つまり人が死を意識しなくなった時、死の先にはもう1つの生があると意識した時に、何が起きたのか。死んでも違う世界でまた生きられるのだからハッピーになる……のではなく、まったく逆です。人は皆、現世から解放され死後の世界に早く行きたいと考え、命を絶ち、果ては、人類が絶滅したのです。

僕はこの小説を中学生の時に読んで「え？　死ぬって悪いことじゃないの？」と思って、すごく考え込んだのをよく覚えています。身近な人の死も多かったので、死生観を強く意識している方だと思っていたのですが、人類全体の進化や文明の発展という観点で死を捉えたことがなかったのです。

一生死なないとなったら、僕らは必死にスケジュールを守って仕事をしようとは思いませんよね。時間に限りがあるからこそ、パフォーマンスを出そうとしたり、新しい発明をしたりする。この「殉教」の話を読んで、「そうか、死があるから人間は進化したんだ」とわかったのです。

もう1つの「処刑」も、死生観の話です。「処刑」に描かれているのは、ある意味シンギュラリティの世界で、機械が人間の知能指数を超越している世界です。立場が逆転して、機械が人間のことを罰するような社会が実現しているのです。

悪いことをした人間に対して機械が処刑を課すのですが、処刑の仕方が斬新です。まず人間を、ある星に飛ばします。そこは、食べ物も水もなくて、ただ砂しかないような場所。人間には、銀色の丸いボールのような機械が渡されます。機械についているボタンを押すと、空気中の水分が分解・凝縮されてそこからコップ一杯の水が出てくる仕組みです。お腹が空いたときは、タブレットを入れれば食料にもなります。

要は、この機械があれば一応ギリギリ生きてはいけるのですが、この機械には1つ欠点があります。ボタンを押すと、何回かに1回ボールが大爆発を起こすのです。これが、「処刑」の方法です。

こうした状態に置かれた処刑者の多くは、精神的に壊れてしまいます。水を飲まないと死んでしまうけれども、押したらいつかボールが爆発して死んでしまうかもしれない。すると、怖くてボタンが押せずに飢え死にする人も出てくれば、押して爆発する人も出てきます。

しかし、最初は怯えていた主人公が、最終的にあることに気づきます。「僕らは地球にいる時も、銀のボールを持っていたんだ」と。地球にいても、誰もが常に死と隣り合わせで、いつ死を迎えるかわからなかったのだと。そう認識することによって、主人公は新境地を開き、自分のやりたいことをその星で一つ一つやり始めるのです。

銀のボールという形で死が近いということをまざまざと現前化させられると、急に人がやりたいことをやり始めるわけですが、これはすごくよくわかりますよね。

起業家には、人生のどこかで死を強烈に意識したことがある人が多いのですが、僕も人生の中で、死を身近に感じることが幾度となくありました。それこそ母親が亡くなったのは8歳の時ですし、ニューヨークから日本に戻るきっかけになったのも、大学時代のバンドメンバーの死です。

母の死から5年後ぐらいにこの話を読みましたが、星新一さんによる極めて鋭角的な死の洞察と、僕のそれがうまく掛け合わさって、よりこの死生観が強まりました。「死はネガティブなことではなくて、死があるから僕らは幸せを感じられるんだ」と。

これは、僕の人生だけでは感じることができなかったかもしれない。そしてこの感覚が、「誰かの人生を追体験する」ということに近いのかなと思います。

これからも本を通じて、より多くの本質的な価値観や真理に触れ続けて、1人でも多くの人生を生きたい、と思います。

（まえだ・ゆうじ　SHOWROOM代表取締役社長）

＊初出「ニューエリートの必読書」（『NewsPicks Magazine vol.2 Autumn 2018』）

本書は、二〇一五年一〇月、日本実業出版社より
刊行されたものに、加筆、修正を行いました。

人生の教科書
[よのなかのルール]
藤原和博
宮台真司
〝バカを伝染(うつ)さない〟ための「成熟社会へのパスポート」です。大人と子ども、お金と仕事、男と女と自殺のルールを考える。（重松清）

人生の教科書
[人間関係]
藤原和博
人間関係で一番大切なことは、相手に「!」を感じてもらうことだ。そのための、すぐに使えるヒントが詰まった一冊。（茂木健一郎）

人生の教科書
[情報編集力をつける国語]
藤原和博／重松清／橋本治
コミュニケーションツールとしての日本語力＝情報編集力をつけるのが国語。重松清の小説と橋本治の古典で実践教科書を完成。（平田オリザ）

人生の教科書
[おかねとしあわせ]
藤原和博
「人との絆を深める使い方だけが、幸せを導く」――こう断言する著者が実践してきた幸せになるお金の使い方、18の法則とは？（木暮太一）

味方をふやす技術
藤原和博
他人とのつながりがなければ、生きてゆけない。でも味方をふやすためには、嫌われる覚悟も必要だ。ほんとうに豊かな人間関係を築くために！

14歳からの社会学
宮台真司
「社会を分析する専門家」である著者が、社会の「本当のこと」を伝え、いかに生きるべきか、に正面から答えた。重松清、大道珠貴との対談を新たに付す。

宮台教授の就活原論
宮台真司
社会のこと、働くこと、就職活動、すべてを串刺しにした画期的就活論。これから社会に出る若者はもちろん、全社会人のための必読書。（常見陽平）

増補
サブカルチャー神話解体
宮台真司／石原英樹／大塚明子
少女カルチャーや音楽、マンガ、AVなど各種メディアの歴史を辿り、若者の変化を浮き彫りにした前人未到のサブカル分析。（上野千鶴子）

「読まなくてもいい本」の読書案内
橘玲
時間は有限だから「古いパラダイムで書かれた本」は捨てよう！「今、読むべき本」が浮かび上がる驚きの読書術。文庫版書き下ろしを付加。（吉川浩満）

戦略読書日記
楠木建
『一勝九敗』から『日本永代蔵』まで。競争戦略の第一人者が自著を含む22冊の本との対話を通じて考えた戦略と経営の本質。（出口治明）

質問力　齋藤孝

コミュニケーション上達の秘訣は質問力にあり！ これさえ磨けば、初対面の人からも深い話が引き出せる。話題の本の、待望の文庫化。（斎藤兆史）

段取り力　齋藤孝

仕事でも勉強でも、うまくいかない時は「段取りが悪かったのではないか」と思えば道が開かれる。段取り名人となるコツを伝授する！（池上彰）

コメント力　齋藤孝

オリジナリティのあるコメントを言えるかどうかで「おもしろい人」、「できる人」という評価が決まる。優れたコメントに学べ！

齋藤孝の速読塾　齋藤孝

二割読書法、キーワード探し、呼吸法から本の選び方まで著者が実践する「脳が活性化し理解力が高まる」夢の読書法を大公開！（水道橋博士）

仕事力　齋藤孝

「仕事力」をつけて自由になろう！ 課題を小さく明確なことに落とし込み、2週間で集中して取り組めば、必ずできる人になる。（海老原嗣生）

前向き力　齋藤孝

「がんばっているのに、うまくいかない」あなた。ちょっと力を抜いて、くよくよ、ごちゃごちゃから抜け出すとすっきりうまくいきます。（名越康文）

「日本人」力 九つの型　齋藤孝

個性重視と集団主義の融合は難問のままである。著名な九人の生き方をたどり、「少年力」や「座禅力」などの「力」の提言を通して解決への道を示す。

やる気も成績も必ず上がる家庭勉強法　齋藤孝

勉強はやれば必ずできるようになる！ ちょっとしたコツで勉強が好きになり、苦痛が減る方法を伝授する。家庭で親が子どもと一緒に学べる方法とは？

新版 一生モノの勉強法　鎌田浩毅

京大人気№1教授が長年実践している時間術、ツール術、読書術から人脈術まで、最適の戦略を余すところなく大公開。「人間力を磨く」学び方とは？

かかわり方のまなび方　西村佳哲

「仕事」の先には必ず人が居る。自分を人を十全に活かすこと。それが「いい仕事」につながる。その方策を探った働き方研究第三弾。（向谷地生良）

仕事に生かす地頭力　細谷功

仕事とは何なのか？　本当に考えるとはどういうことか？　ストーリー仕立てで地頭力の本質を学び、問題解決能力が自然に育つ本。（海老原嗣生）

あなたの話はなぜ「通じない」のか　山田ズーニー

進研ゼミの小論文メソッドを開発し、考える力、書く力の育成に尽力してきた著者が「話が通じるための技術」を基礎のキソから懇切丁寧に伝授！

半年で職場の星になる！働くためのコミュニケーション力　山田ズーニー

職場での人付合いや効果的な「自己紹介」の仕方など最初の一歩から、企画書、メールの書き方など実践的技術まで。会社で役立つチカラが身につく本。

スタバではグランデを買え！　吉本佳生

身近な生活で接するものやサービスの価格を、やさしい経済学で読み解く。「取引コスト」という概念で学ぶ、消費者のための経済学入門。（西村喜良）

クルマは家電量販店で買え！　吉本佳生

『スタバではグランデを買え！』続編。やさしい経済学で、価格のカラクリがわかる。ゲーム理論や政治・社会面の要因も踏まえた応用編。（土井英司）

ライカでグッドバイ　青木冨貴子

ベトナム戦争の写真報道でピュリッツァー賞にかがやき、34歳で戦場に散った沢田教一の人生を描いたノンフィクションの名作。（開高健／角幡唯介）

英国セント・キルダ島で知った何も持たない生き方　井形慶子

イギリス通の著者が偶然知った世界遺産の島セント・キルダでの暮らしと社会を日本で初めて紹介。実在した島民の目を通じてその魅力を語る。

完全版 この地球《ほし》を受け継ぐ者へ　石川直樹

22歳で北極から南極までを人力踏破した記録。ほとばしり出る若い情熱を鋭い筆致で語るデビュー作、待望の復刊。カラー口絵ほか写真多数。（管啓次郎）

脱貧困の経済学　飯田泰之　雨宮処凛

格差と貧困が広がり閉塞感と無力感に覆われている日本。だが、経済学の発想を使えばまだ打つ手はある。追加対談も収録して、貧困問題を論じ尽くす。

戦場カメラマン　石川文洋

米兵が頭を撃ち抜かれ、解放軍兵士が吹き飛ぶ。祖国を守るため、自由を得るため、差別や貧困から脱するため、戦う兵士。破壊される農村。（藤原聡）

自分の仕事をつくる　西村佳哲

仕事をすることは会社に勤めること、ではない。仕事を「自分の仕事」にできた人たちに学ぶ、働き方のデザインの仕方とは。（稲本喜則）

自分をいかして生きる　西村佳哲

「いい仕事」には、その人の存在まるごと入ってるんじゃないか。『自分の仕事をつくる』から6年、長い手紙のような思考の記録。（平川克美）

荷風さんの戦後　半藤一利

戦後日本という時代に背を向けながらも、自身の生活を記録し続けた永井荷風。その孤高の姿を愛情溢れる筆致で描く傑作評伝。（川本三郎）

戦う石橋湛山　半藤一利

日本が戦争へと傾斜していく昭和前期に、ひとり敢然と軍部を批判し続けたジャーナリスト石橋湛山。壮烈な言論戦を大新聞との対比で描いた傑作。

神国日本のトンデモ決戦生活　早川タダノリ

これが総力戦だ！　雑誌や広告を覆い尽くしたプロパガンダの数々が浮かび上がらせる戦時下日本のリアルな姿。関連図版をカラーで多数収録。

ザ・フィフティーズ 1（全3巻）　ディヴィッド・ハルバースタム　峯村利哉訳

50年代アメリカでの出来事と価値転換が現代世界を作った。政治、産業から文化、性までを光と影の両面で論じる。巻末対談は越智道雄×町山智浩。

ザ・フィフティーズ 2　ディヴィッド・ハルバースタム　峯村利哉訳

FBIやCIAの暗躍。エルヴィスとディーンの登場。そして公民権をめぐる黒人の闘いなどが描かれる第二巻。巻末対談は越智道雄×町山智浩。

ザ・フィフティーズ 3　ディヴィッド・ハルバースタム　峯村利哉訳

マリリン・モンローからスプートニク、U—2撃墜事件まで。時代は動き、いよいよ60年代の革命が近づいてくる。巻末対談は越智道雄×町山智浩。

誘　拐　本田靖春

戦後最大の誘拐事件。残された被害者家族の絶望、犯人を生んだ貧困、刑事達の執念を描くノンフィクションの金字塔！（佐野眞一）

疵　本田靖春

戦後の渋谷を制覇したインテリヤクザ安藤組の大幹部、力道山よりも喧嘩が強いといわれた男……。伝説に彩られた男の実像を追う。（野村進）

ちくま文庫

本《ほん》を読《よ》む人《ひと》だけが手《て》にするもの

二〇二〇年 五月十日 第一刷発行
二〇二二年十一月十五日 第二刷発行

著者 藤原和博（ふじはら・かずひろ）
発行者 喜入冬子
発行所 株式会社 筑摩書房
東京都台東区蔵前二―五―三 〒一一一―八七五五
電話番号 〇三―五六八七―二六〇一（代表）
装幀者 安野光雅
印刷所 三松堂印刷株式会社
製本所 三松堂印刷株式会社

ISBN978-4-480-43667-2 C0100